我们一起解决问题

产品经理与运营丛书

5 小时 吃透 小红书

厦九九 著

人民邮电出版社

北　京

图书在版编目（CIP）数据

5小时吃透小红书 / 厦九九著. -- 北京 ： 人民邮电出版社，2022.8
（产品经理与运营丛书）
ISBN 978-7-115-59597-3

Ⅰ．①5… Ⅱ．①厦… Ⅲ．①网络营销 Ⅳ．①F713.365.2

中国版本图书馆CIP数据核字(2022)第110313号

内容提要

在全网流量挤压和用户增长放缓的当下，小红书却实现了用户的翻倍增长。很多原来在抖音、视频号等平台活跃的网络达人都入驻小红书，越来越多的普通人也选择在小红书上开展副业或创业。那么，运营好小红书并获得变现，博主需要掌握哪些方法呢？

本书从精准定位、爆款内容、高效出片、精细运营及多元变现五个方面展开讲述，为读者提供了人设定位公式、爆款笔记的创作方法、一部手机就能做好拍摄剪辑的方法、快速涨粉攻略及账号运营规划、小红书变现的方式、提升变现力的方法。同时，本书还提供了大量精彩的实战案例，读者可从中获得启发，找准自己的小红书账号定位，提升运营能力。总之，本书对小红书运营与变现的方法做出了系统、翔实的讲解，能够为读者提供有效的、切实可行的指导。

本书适合希望通过小红书开展副业及创业的人员、在小红书上开展营销推广工作的实体商家及电商团队等相关人员阅读，也可以作为培训机构学员、新媒体从业者的参考用书。

- ◆ 著　　　　　厦九九
　　责任编辑　　张国才
　　责任印制　　彭志环
- ◆ 人民邮电出版社出版发行　北京市丰台区成寿寺路 11 号
　　邮编　100164　电子邮件　315@ptpress.com.cn
　　网址　https://www.ptpress.com.cn
　　北京瑞禾彩色印刷有限公司印刷
- ◆ 开本：880×1230　1/32
　　印张：7.75
　　字数：150 千字
　　2022 年 8 月第 1 版
　　2025 年 11 月北京第 31 次印刷

定价：69.80 元

读者服务热线：**(010)81055656**　印装质量热线：**(010)81055316**
反盗版热线：**(010)81055315**

赞誉

小红书的确有"矿"！我们秋叶小红书矩阵一年涨粉百万个，而且非常优质。如果企业能做好小红书运营，就打开了新的品牌推广阵地。读厦九九老师的新书，一起抓住小红书红利。

——**秋叶** 秋叶品牌创始人

厦九九老师一直深耕各大自媒体平台，深谙内容流量密码，每到一个新平台都能快速取得成绩。作为她创业路上的导师之一，我有幸见证了她短短半年时间从 0 到 1 把小红书账号做到拥有 20 多万粉丝，并成为小红书知识付费赛道头部博主。本书浓缩了作者运营小红书账号的实战精华，从定位、内容、出片、运营和变现五个方面展开系统且翔实的讲述，为新手提供了大量落地、实用的实操干货，能让人少走很多弯路。

——**王润宇** 视频号头部主播、连续创业者

从躬身入局运营小红书账号到成为拥有 20 多万粉丝的大博主，厦九九只用了半年的时间。内容创作需要坚持，更需要方法。在这本书里，她将自己从零开始运营小红书账号的成功经验毫无保留地分享出来。如果你想运营好小红书账号，这本书能让

你少走很多弯路。

——**刘主编** 写作培训平台创始人、媒体人、写作课讲师

目前，小红书是一个对普通人非常友好的平台，只要运营方法对了，获得流量、涨粉、变现都相对容易。厦九九老师深耕小红书平台，不但自己快速取得了非常好的成绩，也培养了众多优秀的学员。本书把运营小红书账号的底层逻辑讲得很透彻，是新手运营小红书的必备指南。

——**朱佳航** 全网拥有 600 万粉丝的头部知识博主

小红书是目前最值得深耕的平台，不仅是因为其粉丝精准，更是因为其变现力强。如果你想在此平台上大展身手，一定要看资深自媒体达人厦九九老师的这本书，她将全方位地教你如何从 0 到 1 做一个赚钱的小红书博主。

——**儿科医生雨滴** 全网拥有 400 万粉丝的畅销书作家

个人 IP 最大的生命力，就是通过持续输出内容陪伴粉丝不断成长。厦九九老师是我们合作过的知识 IP 之一，公开地持续输出这件事，她做了 6 年。而且，她熟悉好内容的底层创作逻辑，也熟悉平台的算法规则。本书浓缩了她在小红书快速崛起的秘诀，值得每一个想要做好内容的朋友阅读。

——**刘杰辉** 全链路知识 IP 策划人、合生载物创始人

我认识厦九九老师已经有很多年了。作为持续深耕多个平

台的自媒体人，她属于实战派，取得了非常不错的成绩。本书是她运营小红书账号半年粉丝从 0 做到 24 万、获得百万元变现的经验总结，非常宝贵，值得大家学习。

——**大松 Ryan**　十点读书运营操盘手

我从 2018 年就开始关注厦九九，可以说是她从默默无闻到成长为小红书头部博主的见证者。本书是她开展小红书运营以来的全套经验总结，我从中能看到她的努力与坚韧，推荐大家阅读。

——**邹小强**　《小强升职记》作者

厦九九在小红书上仅用 6 个月就拥有了 24 万粉丝，实现了百万元变现，孵化了上千位学员。要想做到这一点，必须有一套实操性很强的方法论。通过阅读厦九九创作的《5 小时吃透小红书》，你也能学习和掌握这套方法论。

——**温文**　头部自媒体博主

我与厦九九老师相识于 2019 年，那时她已经在自媒体领域小有成就了。厦九九老师一直深耕自媒体，通过写作文案打造自己的影响力和变现力，形成了自己的系统方法论。如果你也想打造自己的个人品牌，通过自媒体放大自己的价值，那么我推荐你阅读厦九九老师的这本书，相信对你一定有帮助。

——**张家瑞**　我是好讲师大赛全国总冠军、《逻辑说服力》作者做自媒体是最小成本的创业，也是普通人实现人生逆袭的有力武器。为什么这样说？看看夏九九就知道了，她入局小红书，半年涨粉24万个、变现百万元，这才是真正的运营与变现高手。凡事只要掌握了底层逻辑，取得好成绩就是水到渠成的事。夏九九的这本书刚好揭秘了小红书运营与变现的底层逻辑，是新手入局小红书的行动指南。

——李菁 畅销书作家

我在2020年第一次见到夏九九，听她讲述自己的创业历程，就觉得这个女孩儿特别了不起，骨子里有倔强，心中有未来，脚下有行动。2021年我们再次见面，她已经是小红书上拥有20多万粉丝的资深博主了。如今，她写了这本书，毫无保留地把自己运营小红书的全套经验分享出来，我强烈推荐大家学习。

——小嘎鹅 私域运营专家

夏九九老师脚踏实地做内容，她的专业能力值得我们学习，《5小时吃透小红书》就是她专业能力的重要展现。我希望所有想提升小红书运营能力的人都能读到这本书，跟着夏九九老师学习，通过打造自己的个人品牌拥有个人影响力，让人生迸发更多可能。

——嘉琪 石上生活联合创始人

小红书已经成为一个让人们展现自己的平台。如果你对小红书运营还处于迷茫、无从下手的阶段，尤其是想通过小红书来变现却找不到入手点，厦九九老师的这本《5 小时吃透小红书》可以带你找到答案。

——洪小鹏 跨界创作人、服装造型设计师、美学创业导师

我是干了 8 年实体教育的前万人校长，对小红书运营是一点也不懂。厦九九老师的小红书课是我下单最快的一个课程，我只看了她的 32 条视频就下单了。也许你会说我是不是太冲动了。其实，在我们建立连接之前，我也犹豫过，但在一对一咨询后，我选择了踏实和真诚。事实证明我的选择是正确的，今年转型实现营收百万元。能遇到适合自己的导师并不容易，我希望看到这本书的你能和我一样幸运。

——婧校长 尔雅少年创始人

《5 小时吃透小红书》是厦九九老师运营小红书的经验总结，她对在小红书上如何打造个人 IP、撰写爆款内容、打通商业变现的路径等实操干货倾囊相授。掌握了这一套方法，你就能打通小红书运营的"任督二脉"。

——教书匠左左 具有 20 年教学经验的小红书博主

厦九九老师创作的这本书全方位讲述了小红书运营与变现的内容。读完这本书，你不仅能收获详细的解决方法和练习步骤，

而且能够学习到内容创作的核心技巧。

——整理师嫔妃 亲子整理教育专家

说实话，第一次看到这本书，我很震惊！夏九九老师竟然把这么多干货全都写出来了，从精准定位到对小红书的整体运营，以及变现思路全部涵盖，甚至有很多内容是我们花几千块钱才能跟她学到的。这是一本可以让新手迅速理清思路、让高手再一次提升认知的书。所以，如果你也想抓住小红书的红利，让自己从一个默默无闻的普通人变成一个有影响力且能通过影响力变现的人，那就一定要认真阅读这本书。

——淘百万 私域营销达人

夏九九老师的这本《5小时吃透小红书》，是一本将小红书运营与变现讲得非常通透的好书。从小红书的平台趋势到数据分析，从小红书笔记的选题打磨到实战案例，从封面设计到视频剪辑，本书都做出了详细的讲解，有针对性地解决了读者想要学习和入局小红书的问题，有助于他们快速掌握核心要点。

——马于堃 原阿里健康资深医疗总监

推荐序

　　人和人之间最大的差别来自思维方式的不同。例如，传统企业家为什么会有"传统"这个前缀？可能是因为他一直在实体行业坚守，不去尝试任何新事物。但是，他为什么没有办法进入新的行业呢？很多时候，我们觉得是年龄决定的。但真正的原因是因为固定的思维方式让他难以拐弯，一旦让他做自媒体，进入公域，他就觉得很难！这里面真正的困难就在于思维方式的改变。

　　一般而言，只要你没有办法做好某件事，就说明你对它的理解是不够深刻的，你的思维方式不足以支持你的行动。

　　我们需要一些知识来不断更新和改变自己的认知，需要时刻记得：自己现在处于什么认知阶段，而这个阶段就决定了自己接下来的"战场"在哪里。

　　我们学习各种做事的"方式、方法"就是因为世界太大，而我们的智慧有限。只有掌握了更有效率的方式、方法，我们才能在有限的时间里提升自己的认知水平。

　　夏九九写的这本书就是非常好的经验总结，读完它，你将收获一次认知的更新。她从新手开始，用极短的时间在小红书上不仅创造了无数个爆款视频，而且在粉丝增长和商业变现上都取得了令人佩服的成绩。更难得的是，她愿意把自己的经验毫无保留地分享出来，帮助更多有才华、有追求的人在社交媒体上取得成绩，这份真诚是令人欣赏的。她在书里详细、清晰地讲述了普通人运营小红书的方法及变现途径，而且案例生动落地、底层逻辑通透、知识点切实有效，这些内容可以帮助从零起步的小伙伴少走许多弯路！

作为行动派的创始人，我们推出过无数帮助他人成长的课程，我理解这种"让人少走弯路"的方法是极其珍贵的！一开始就用对的方法去行动，不但能让人更快地取得成绩，而且能激发正反馈，让你热情满满地持续行动。我们需要做的，就是汲取书中的知识和经验，然后勇敢地行动！

我一直觉得所有普通人都应该做自媒体，原因有以下两点。

第一，自媒体自带的"时间杠杆"能让你收获更多信任。

我经常跟社群伙伴们说，大家可以把自媒体当成养老的事业。人生那么长，如果你现在 20 岁，到 100 岁还有 80 年；如果你现在 30 岁，到 100 岁还有 70 年；如果你现在 40 岁，到 100 岁还有 60 年。用这几十年的时间，你还做不出一个自媒体吗？

在我的思维方式里，自媒体是可以用一辈子、用到 100 岁的。你看现实生活中有很多老人玩短视频的例子。如果你长期坚持更新自媒体，更新了 50 年，想想看，那会赢得多少人的信任！

这就是自媒体自带的别人没有的杠杆，这个杠杆叫"时间杠杆"。做自媒体的时间越长，你积累的信任就越多。你越早开始，就越有优势。

第二，越追求真实，信任的货币价值就越高。

在我们所处的这个时代，人们之间的信任已经变成了一种货币。腾讯、小米等企业在变现方面做得好，就是因为吃透了这种"信任关系"。那么多的大主播带货，也是在诠释这个现象。

你会发现，现在人们越来越讲究货真价实。当人们越来越追求真实时，信任就变成了一种货币。而信任不是凭空得来的，如果你不让别人看到你，别人都不知道你，也不了解你，别人该如何信任你呢？

所以，我会永不停歇地抓住一切机会告诉大家：去做自媒体！自媒体就是你未来的房子。

自媒体还是你未来的养老事业。你只要持续不断地经营，就会收到越来越多的信任。别小看你收获的信任，信任关系永远是商业模式进化的基础。有了信任，才有更多交易的可能性。

那么，从自媒体开始往后走，独立创业也不是不可能，因为自媒体是真正在打通一个独立赚钱的闭环。

你在自媒体上创作的文章或视频就是桥梁，一头帮你连接上了粉丝／观众，一头帮你连接上了变现。只要有人认可你的价值，认可你的个人品牌，就会有人愿意为你付费埋单。

　　那么，行动起来吧！打开这本书，在夏九九的启迪下，在自媒体的道路上发出自己的光和热吧！愿你在这本书的指导下，开启社交媒体的新事业，成为优秀的自媒体人，用分享的能力和优质的内容来铸就属于你的灯塔，点亮自己，照亮他人。

行动派创始人、头部教育博主

自序

如果你打开小红书 App，搜索"厦九九"三个字，就可以找到我。你只要花几分钟浏览我的主页，就会知道我是一个怎样的人；只要你给我留言或私信，我们就在真实的世界里产生了连接。

这就是互联网时代的魅力。每个人都可以花 2 分钟注册一个账号，在自媒体上分享自己的观点，输出自己的知识、经验和技能，被更多人看到和连接，或者开始你的副业或创业之路。

在正式运营小红书之前，我已经做了 6 年的自媒体。几乎所有主流自媒体平台都有我的账号，全网同名：厦九九。2021年，在接触小红书 3 个月后，我就决定全身心投入这个平台；半年后，取得了涨粉 24 万个、变现过百万元的成绩。

自媒体是最小成本的创业

在辞职创业前，我曾先后在国内排名前 5 的世界 500 强房企和国内头部文体旅上市公司任职，从文案策划做到品牌总监。

2016 年 4 月，在经历过人生至暗时刻后，我开始在自媒体上写作，初心是希望别人在感到黑暗时能从我的文字中看见光。写作不到一年，我就开始变现了，并被邀请成为知名大号的签约作者。2017 年，我在怀孕期间依然笔耕不辍，写出多篇阅读量达到千万次的爆款文，被众多知名媒体转载。

2019年2月，我的第一本书《撑过去，你终将成为更好的自己》上市了。这是一本跨度7年的成长励志合集，是我在2018年休产假期间写完的。

2019年3月，我发现自己又怀孕了，也就陷入了职场和家庭的双重被动。这加速了我自媒体副业变现的进程。十月怀胎期间，我白天上班，早晨和晚上写作。苦熬半年，副业收入达到主业收入的5倍。

2020年，我的主业受到新冠肺炎疫情影响。那时二胎刚出生，30岁的我决定离开职场，组建线上工作室，在家带娃和创业。小区楼下咖啡馆就是我的办公地点。半年后，我和团队搬到了线下工作室。一年后（2021年），我们又搬到了更大的办公室。

现在，我有了自己的新媒体教育公司和MCN机构。我既是创业者，也是讲师；既是自媒体人，也是咨询顾问。全网累计3万多人听过我的课。我孵化过变现百万元的普通人，也指导过许多个体IP变现、企业转型，实现线上用户和销量双增长。而这一切都始于2016年4月1日我在自媒体上发布了第一篇文章，并且利用业余时间坚持做自媒体。

今年我32岁，刚好从厦门大学毕业10年，有一份自己热爱且擅长的工作，有一双可爱的儿女。而我最感谢的，除了努力的自己和支持我的家人，就是自媒体。自媒体真的是普通人实现人生逆袭的巨大杠杆和有力武器。

入局小红书，半年涨粉 24 万个，变现过百万元

自媒体平台众多，选择何时做何种平台是有时机的。假如现在再做微博、微信公众号，无论怎样努力都激不起什么水花。当下，小红书是众多自媒体平台中对新手友好且价值极高的平台，作为内容社区电商平台，它自带商业基因，而且用户优质、氛围友好。2021 年，小红书开始全面商业化，加大力度扶持博主进行视频创作和直播带货，推出付费专栏、号店一体功能，变现形式更加丰富、多元。目前，越来越多的个体、自由职业者、创业者、企业和品牌看中小红书的商业基因，希望借助小红书构建自己的内容商业生态。

今年是我做自媒体的第 7 年，作为资深自媒体从业者，我开始运营小红书的时间不算早，却恰逢其时。2021 年初，我开始留意小红书，萌生了成为博主的想法。研究数月后，我于同年 7 月正式入局做账号。经过半年的时间，我将粉丝数量做到了 24 万个，单月最高涨粉 6 万个，单条视频最高涨粉 2 万多个。这个账号为我带来了数百万元的价值。

回顾整个过程，从走弯路到踏上坦途，大致可以分为三个阶段。

第一个阶段：随便地做，当朋友圈发。

因为看到很多大博主都这么发，自己也模仿。结果可想而知，几乎没人看。是我"东施效颦"了。为什么别人这样发能奏效，我就不行呢？我在本书第 2 章讲怎样做爆款内容时会揭晓其中的奥秘。

第二个阶段：偷懒地做，把我在其他平台做的内容直接分

发到小红书。

作为"老"自媒体人，我对做内容有"一鱼多吃"的习惯。加上当时的精力没放在小红书上，我完全没有研究平台和用户，就直接把针对其他自媒体平台做的内容同步发在小红书上。结果也可想而知，除了偶尔会有一些小爆款，绝大多数都"阵亡"了，没有激起什么水花。

第三个阶段：用心做。

有了前面的失败经验，直到 2021 年 7 月，我才腾出精力专门研究小红书到底该怎样做。我花了大量的时间看小红书，分析平台的算法机制，研究爆款笔记和优质账号的特点。通过用大量的作品去实战、总结、验证、迭代，我逐渐找到了自己的流量密码。

作为一个平平无奇的知识口播博主，半年时间涨粉 24 万个，累计变现过百万元，我用实战经历验证了一个结论：普通人也可以做一个赚钱的小红书账号，只要选择自己能持续输出且有优势的方向，懂得爆款笔记的创作方法，以及账号运营和变现的思路，你就可以在小红书上建立属于自己的商业模式。

如何从 0 到 1，做一个赚钱的小红书博主

毋庸置疑，要想成为优质的小红书博主，需要具备一些基本的能力，包括内容创意与构思能力、文案创作能力、逻辑思维能力、拍摄剪辑能力、镜头表现力及基本的审美能力。

一篇爆款小红书笔记离不开策划与创意，随意拍的东西很

少能火。即使这一篇靠运气火了，下一篇就会现原形。有了内容构思，还要能表达出来，这就需要文案创作能力。对于口播类知识博主，选题和文案几乎等于一切。如果是比较复杂的视频，还需要脚本。撰写文案和脚本需要逻辑思维能力，否则无法清晰、有条理地表达出来。如果做视频笔记，还需要有拍摄、打光、布景和剪辑的能力，以及镜头表现力。此外，小红书的调性风格偏清新文艺，"好看"是一种巨大的竞争力。有一定的审美，能制作好看的图片或视频，作品更容易出彩。

一看需要这么多的能力，很多人心里会打退堂鼓，觉得自己哪一点都缺。实际上，只要你开始行动，所有这些能力都可以通过学习和刻意练习得到提升。

我刚开始拍视频时，神态、表情、画质、服道化和灯光都很粗糙。拍了100条之后，大家都说我变化很大，粉丝、学员和身边朋友都来向我取经。而这些经验，我都会在本书中进行分享。

到目前为止，我辅导过上千位学员。我发现最终决定账号能否成功的就是两样东西——自信和行动。

自信和行动是相辅相成的。新手迟迟无法开始，就是因为缺乏自信。反过来，因为不行动就更加没有自信。从 0 到 1，最难的就是开始行动并坚持。

在行动中，首先要有"敬畏心"，懂得"入乡随俗"。只有充分了解小红书的特点和运营规则，并且顺应平台趋势，才会顺利看到结果。先入为主，想当然地做，盲目地做，大多会"水土不服"。

本书就是新手运营小红书的行动指南，它围绕小红书运营与变现给出了系统、翔实的方法论。全书共分为 5 章，包括精准定位、爆款内容、高效出片、精细运营和多元变现，涉及小红书账号定位、内容打造、运营策略和商业变现四大模块。无论是个人还是团队，无论是企业、机构还是品牌商家，要想运营一个可持续变现的自媒体账号，都离不开这四大模块。

在本书中，我总结了从 0 到 1 做小红书的实战经验，也融入了我过去 6 年自媒体内容创作的经验和打造个人品牌的系统方法论。这本书能帮助博主节省大量摸索的时间和精力，从一开始就系统地学习正确的方法，少走弯路。无论你是新手，还是有一定基础的博主，本书都可以成为你手边的工具书，帮助你更快取得好成绩。我很喜欢一句话：如果什么改变了你，你就用什么去点燃他人。这正是我写作本书的原因。

大艺术家安迪·沃霍尔曾说过：未来，每个人都有 15 分钟的成名时间。未来已来，就是现在。接下来，我诚挚地邀请你和我一起开启小红书运营与变现之旅。

特别提醒：本书采用小红书 V.7.28.0 版本（撰稿时最新版本）编写，操作页面可能与当下最新版本 App 存在细微差异，但不影响读者学习。

"90 后"百万粉丝自媒体人、自媒体教育平台创始人

目录

第5章 多元变现：掘金小红书 / 193

第 1 章

精准定位：三步打造吸金人设

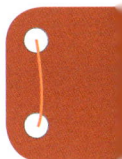

做小红书以来，我给 1000 多个账号做过咨询诊断，其中 80% 的账号都存在定位问题。这些账号因为不懂定位，要么不知道发什么，要么不加选择地什么都发；因为没有定位，所以也不知道未来怎样变现。

无论是实体店老板、微商、个体创业者，还是自由职业者、普通上班族、全职妈妈，当你选择小红书作为传播自己、吸引粉丝、沉淀个人 IP 的媒介时，就需要有一个清晰的人设定位。

何为定位？借用《定位》一书的定义，定位就是如何在用户的心智中占领一个与众不同的、有价值的位置。简单地说，就是用何种标签、关键词或一两句话来描述"你是谁""能为谁提供价值""有何不同"。

定位这件事说起来简单、做起来难。做好小红书定位，需要三个步骤，我把它称为"定位三部曲"。

第一步，重新认识小红书，了解平台特点、用户特征及热门领域，先做到知彼。

第二步，重新认识你自己，梳理和挖掘你的优势能力，做到真正知己。

第三步，在知己知彼的前提下，利用我总结的人设定位公式全面梳理人设定位，最终达到能够用一段话描述，并且将人设充分体现在账号主页上，这样才算真正完成了账号定位。

1.1　重新认识小红书，把握机遇红利

如果你对小红书的认知还是这样的：

● 小红书上都是美妆、护肤、时尚、穿搭的种草笔记；

● 小红书的用户体量小，真正在用的人不多；

● 小红书的用户很年轻，消费力低；

● 小红书变现难，除了接品牌广告，没有其他变现方式。普通人也很难接到广告。

那么，你要仔细阅读这节内容了。所谓"知己知彼，百战不殆"，要想做好一个平台的业务，就要先了解平台的前世今生。知来路，明去处，才知道自己的机会在哪里。

1.1.1　小红书的特点及发展趋势

★小红书的发展历程★

● 2013 年，小红书在上海成立，因一份海淘攻略备受关注；12 月，小红书推出海外购物分享社区。

● 2014 年 3 月，小红书完成数百万美元的 A 轮融资；11 月，完成千万美元的 B 轮融资；12 月，它推出了自营商城"福利社"，从社区扩展到电商。

● 2017 年，小红书获得了代表中国消费科技产业的"中国品牌创新奖"，小红书电商被《人民日报》评为代表中国消费科技产业的"中国品牌奖"。

● 2018 年 6 月，小红书完成超过 3 亿美元的新一轮融资，

公司估值超过 30 亿美元。

● 2019 年 1 月，小红书的用户数突破 2 亿个；2 月底，美国著名商业杂志《快公司》发布了"2019 中国最佳创新公司 10 强"榜单，小红书紧随美团、阿里巴巴两家互联网巨头企业，位列第三；6 月，小红书加入直播带货行列，并入选"2019 福布斯中国最具创新力企业榜"。

● 2020 年上半年，小红书进行了一轮私募融资，筹资 4 亿～5 亿美元，估值达到约 60 亿美元；8 月，小红书上线视频号功能，开始扶持视频和直播业务。

● 2021 年 8 月，小红书上线专业号，推出付费专栏、号店一体，帮助知识博主和品牌商家实现多元化变现，并将社区和电商两种商业形态整合打通，完成用户从种草到拔草的交易闭环；11 月，小红书完成新一轮的 5 亿美元融资，投后估值高达 200 亿美元；12 月，小红书入选"中国十大独角兽"榜单第 7 名。

● 未来，小红书或将成为全球最大的消费类口碑库和社区电商平台之一，成为连接消费者与优秀品牌的良好纽带。

小红书成立于 2013 年，最初只是一个海淘攻略平台，后来演变成海购跨境电商平台，逐渐发展成为生活方式分享聚集地，变身为内容社区电商平台。它是年轻人的生活方式展示平台，以"Inspire Lives 分享和发现世界的精彩"为使命，吸引了全世界的年轻用户用短视频、图文等形式分享生活方式，记录生活点滴；基于兴趣形成互动，倡导真实、向上、多元的社区氛围，覆盖时尚、美妆、美食、旅行、家居、健身、母婴等各个领域。

小红书历时 9 年的发展，呈现出三大特点和趋势。

（1）从强调好物推送到强调社交，从图文到视频，从种草平台到商业生态。

小红书的定位从最初强调好物推送到强调社交，再到形成种草、拔草的闭环，开启了全面商业化之旅。小红书的 Slogan 也伴随着定位调整不断演化，具体如图 1-1 所示。

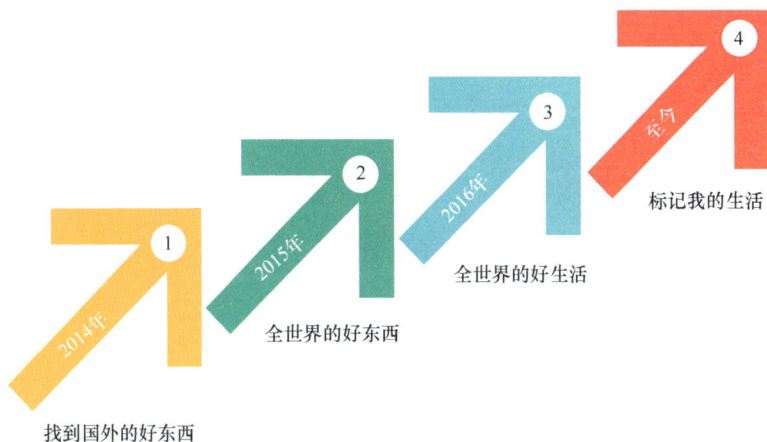

图 1-1　小红书 Slogan 的演变历程

2022 年，小红书的最新品牌文案是"2 亿人的生活经验，都在小红书""小红书——你的生活指南"。这样的品牌文案，一方面强调了小红书上有生活的方方面面；另一方面也强调了小红书"有用"的经验属性，旨在做大众的生活指南和百科全书。

小红书的运营模式是典型的 UGC 模式，也就是由用户生产内容（User-generated Content），平台本身不生产内容。为了吸引更多优秀博主持续创作优质内容，近几年小红书也不断在商业变现上进行探索。

2019 年，小红书上线了品牌号认证、品牌合作、品牌效果广告等功能，吸引更多品牌商家入驻并进行广告投放。

2020 年，小红书推出了薯条、薯店、直播等商业化工具，帮助品牌商家成长。同年，小红书上线了视频号功能，给予视频笔记百亿流量扶持，鼓励博主从纯图文笔记向视频笔记转变。

2021 年，小红书开始全面商业化，其具体措施包括以下三个方面。

① 上线蒲公英平台[1]，以促进品牌方和达人的合作规范化。

② 推出付费专栏、群聊等辅助变现工具，并将原有的品牌号升级为专业号，面向个人博主开放认证，提供商业化变现工具。

③ 推行号店一体，全面降低薯店开店门槛，个人也能开店，无须营业执照。

（2）小红书的月活跃用户超过 2 亿个，70% 以上是"90 后"年轻群体。

截至 2022 年 2 月，小红书的报告显示：月活跃用户已超

1　小红书官方对接博主和商家的广告合作平台。

过 2 亿个，其中"90 后"年轻群体占 72%，一二线城市用户占 50%，女性用户占 70%，男性用户占 30%。

小红书的用户以"90 后"新时代人群、新锐白领、都市潮人、单身贵族、精致妈妈和享乐一族为主。他们喜欢兴趣社交、兴趣消费；追逐潮流；经济独立，热爱工作；追求时尚和自身形象的完美，精神独立，有观点和态度；追求生活品质和护肤保养，注重享受和体验。总结起来，就是爱尝鲜、爱生活、爱分享、高消费力。

小红书的用户地域分布以一二线城市为主，年轻女性、都市白领、宝妈等是小红书的主要用户群，具有消费需求大、消费能力强的特点。如今，线上流量成本、获客成本越来越高，而小红书聚集了大量优质的女性群体，成为女性精准用户第一平台，极具商业价值。

★ 2019—2022 年小红书的用户体量及月活用户增长情况 ★

● 2019 年 7 月，小红书的用户量已超过 3 亿。

● 2020 年，据媒体报道，小红书的用户数已突破 4.5 亿。

● 2020 年 6 月，小红书的月活用户过亿。

● 2021 年 11 月，小红书 CMO 之恒在小红书商业大会上提到，根据小红书数据中台的数据，小红书的月活用户已达到 2 亿。

● 2022 年 2 月 8 日，小红书发布报告称，月活用户已超过 2 亿。用户体量还在不断增长。

（3）小红书自带商业基因，是商家、博主种草变现的热土。

作为生活方式平台，小红书的独特性就在于用户发布的内容大多来自真实生活。用户的信任感强、黏性高，这是小红书种草广告效益好的重要支撑。

越来越多的品牌商看中小红书平台的广告投放，通过博主原创内容分享，借助社区口碑营销和品牌内容推广种草，有效渗透用户。小红书有制造流行和热点的能力。例如，完美日记、花西子、谷雨、逐本等国产新品牌凭借小红书的投放曝光而走红，回力、百雀羚、大白兔、李宁等老品牌通过小红书被更多年轻人喜爱。

好的商业就是"社交＋买卖"，一次性满足用户的精神需求和物质需求。从这个层面来讲，小红书有天然的商业基因——汇集用户和商家的一站式内容社区电商平台。无论对品牌商家，还是内容创作者，这都是价值洼地。

小红书的变现方式多元化，包括接品牌广告、笔记带货、直播、付费专栏、开店铺、线上获客私域成交等，还有目前尚在内测的语音房等功能。总之，小红书为博主提供了丰富的变现渠道。

1.1.2　小红书的热门领域

小红书的内容具有多元化的特点，覆盖了众多领域。以下是小红书上主要的八大热门领域。

（1）美妆护肤

一直以来，美妆护肤都是小红书上排名第一的热门领域，也是品牌广告投放最多的领域。美妆护肤领域的博主众多、内容丰富，各类妆容、仿妆、成分、知识经验琳琅满目。用户青睐于分肤质、分场景定制且直击痛点的成分功效型产品和护肤美妆经验分享。总体而言，这些经验分享呈现细分、个性的特点。例如，脸部各个部位的妆容，如图 1-2 所示。

图 1-2　学员"徐江美妆"的经验分享

（2）时尚穿搭

时尚穿搭是小红书上的第二大热门领域。有些小红书博主专注于分享穿搭知识，针对不同场景、不同人群以及不同的穿搭痛点分享实用干货和穿搭指南。也有些小红书博主专注于单纯地分享日常穿搭 OOTD[1]。例如，我的学员"是卷卷呀！"的经验分享，如图 1-3 所示。

1　OOTD：人们发自拍时常用的一个流行语，英文 Outfit of the Day 的缩写，意思为今天的穿搭。

和美妆护肤一样，小红书上关于时尚穿搭的经验分享也总体呈现细分、个性的特点。

（3）母婴

母婴类包含婴童用品分享、育儿经验、孕产和宝宝成长记录。如果你家宝宝特别好看，或者是多胞胎，做母婴博主就有天然的优势。例如，我的学员"金汐儿"就是一位"90后"龙凤胎辣妈，她的流量密码就是分享龙凤胎的孕产和养育经验，如图1-4所示。

母婴博主可以承接的品牌合作范围很广，孩子和妈妈生活的方方面面都能涉及。追求精致品位生活的妈妈是小红书主要的活跃用户群体之一，资质高、口碑好的品牌是她们的首选。博主承接品牌合作时会尽量选择口碑类产品。

（4）家居家装

家居家装包括装修日记与经验、家居设计、居家好物、居家

图1-3 学员"是卷卷呀！"的经验分享

图1-4 学员"金汐儿"的经验分享

Vlog 等，小红书上对这方面的经验分享充分展现了"自我创造 + 品位"的特点。如果你家正在装修，或者你有一个装修很好的房子，而你又恰好对家居感兴趣，那就是完享天时地利人和了。

我认识的摄影师林小厦就是因为自己装修房子而注册了小红书账号，她通过记录家里装修的每个角落、居住的美好环境，拍摄日常居家 Vlog，最终成为拥有 20 多万粉丝的家居博主，通过品牌合作和家居好物分享变现。她的分享如图 1-5 所示。

图 1-5　林小厦的经验分享

家居品类的主要用户是都市中产、精致妈妈和都市蓝领等群体，他们对家居消费的需求逐渐增强，并且愿意在居家环境中投入更多时间和精力。

（5）美食

无论在哪个平台，美食都是排名靠前的品类。美食的类型很多，如超有食欲和质感的美食图片、治愈系美食 Vlog、各种地方特色菜品、糕点烘焙、高级食材与烹饪技巧、探店美食等。众多零食、食品品牌会在小红书种草。例如，奥利奥投放的种草笔记都是有"神仙颜值"、符合小姐姐们审美偏好的内容。总体而言，"颜值 + 特色"是小红书美食博主的特色之一，如

图1-6　小红书上的美食类账号

图1-6所示。

（6）运动健身

作为健康生活方式的一种，各类运动和减肥健身是小红书的热门领域之一。无论是专业健身教练，还是减肥、健身达人，或者普通人打卡瘦身跟练视频，以及坚持跳绳、跳操记录，都能获得广泛的关注。例如，我的学员"牛牛ai健身"是一位健身教练，如图1-7所示。

（7）知识情感

知识情感是一个笼统的泛称，包含很多具体的品类和细分领域，如恋爱指南、两性婚姻关系、心理知识、职场、教育、成长、理财、副业赚钱、健康养生经验等。如果你在以上相关领域有自己的经历与经验，能持续输出知识和价值，你也能成为这些领域的知识博主。

图1-7　健身类学员"牛牛ai健身"

例如，我的学员"教书匠左左"是一位拥有 20 年教龄的语文老师，她在小红书上分享如何吃透语文书、帮助孩子提升语文学习成绩的内容，短短 2 个月的时间就吸引了 4 万名粉丝，如图 1-8 所示。

（8）旅行

旅行包括出行、酒店民宿攻略，以及传统旅行地、小众景点、购物地攻略等，内容突出"颜值 + 新奇 + 生活方式"。我有个学员在海口开民宿，在小红书分享相关内容吸引客户到店，如图 1-9 所示。

如果你是旅行达人，或者由于工作的需要经常去各地出差，又或者经常去探索好玩、好吃、有好风景的地方，就很适合在小红书上做旅行博主。

除了以上八大热门领域，还有很多与各种兴趣相关的领域，如宠物、游戏、才艺、摄影、美甲、手工等。我有一位学员"手艺人媛媛吖"做的

图 1-8 学员"教书匠左左"

图 1-9 学员"开门见海民宿"

就是手工编绳，她在展示自己各式各样的手绳作品时，也教人手作技巧，实现了产品和知识付费变现，如图1-10所示。

如果看到这里，你还没有看到自己可以做的方向和细分领域，我建议你不妨看看小红书首页上发现页里的推荐频道，如图1-11所示，以及小红书"笔记灵感"中每周热点的分类，如图1-12所示。

图1-10 学员"手艺人媛媛吖"

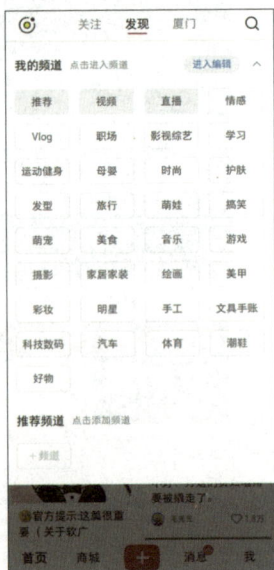

图1-11 小红书发现页"我的频道"

图1-12 小红书创作中心"笔记灵感"

1.1.3　哪些小红书博主受欢迎

　　学历高、颜值高、身材好、口才好、有背景、有才艺……你是不是觉得小红书博主都是这样的？如果你是小红书的重度用户，就会发现这并非事实。不少大博主在开始时都只是平平无奇的普通人，因为在自己感兴趣、有经验的领域持续分享优质内容，所以逐渐吸引了几十万甚至上百万人关注。

　　具备上述任何一项条件，当然能自带光环，更容易成功，但这并不代表普通人或普通商家没有机会。例如，小红书账号"草草的减脂食记"的定位是每天分享一道减脂餐，笔记就是菜谱配上美食图片，不到一年的时间就吸引了 145 万粉丝[1]关注，她的分享如图 1-13 所示。

图 1-13　小红书账号"草草的减脂食记"的经验分享

1　截稿时粉丝数已经增长至 153 万。

我的学员"肉肉妈咪"是一位普通的全职妈妈，因为每天要给孩子做辅食，顺便把过程拍下来剪辑成视频，发布在小红书上，短短两个多月的时间就吸引了6万粉丝关注[1]，如图1-14所示。她通过在蒲公英平台承接品牌合作广告，平均每月变现2万多元。

刚开始运营小红书时，"肉肉妈咪"的粉丝数增长很慢。因为美食一直是热门领域，如果博主没有找到自己独特的定位和亮点，就很难实现突破。后来，她在我的小红书训练营里经过系统

图1-14　学员"肉肉妈咪"的经验分享

学习，找到了"一锅蒸"这个差异化特色，于是从众多辅食类账号中脱颖而出，21天就增长了3万粉丝。由此可见，方法对了，就会事半功倍。

在研究了上千位优质小红书博主后，我发现受欢迎的博主都有一些共同点：首先是必备的基本能力，如优秀的创意能力、出色的文案和表达能力、拍摄剪辑的能力，以及镜头表现力等；

1　截稿时粉丝数已经增长至9万。

其次是鲜明的人格特点。

必备的基本能力是可以学习提升的，如果翻看很多大博主的早期作品，会发现都非常一般。例如，"Winnie 文""小仙女汁儿"，他们也都是从新手开始的，在运营的过程中积极接受粉丝和市场的反馈，不断提升技能、迭代进化，当机遇出现时乘胜追击，把账号做大。

关于能力提升，我在后文会讲很多方法。这里先重点讲人格特点上的共同点。我总结了以下四个要素，如果你能满足其中的三个，就很有潜力成为大博主。

（1）积极

没有人想看负面、消极和抱怨的内容，积极、正向是所有人都喜欢的特质，用户对积极、正能量的博主都会产生好感。如果你身上有大家都向往和推崇的美好品质，如自律、励志、坚持、努力、豁达、开朗等，也会受欢迎。

我的学员"是佳漪呀"非常积极向上，40 岁时开始学习流行舞，在小红书上发布记录自己每天学习的视频。她的账号是从零开始做的，1 个月时间就快速吸引了 5000 多粉丝关注，她的分享如图 1-15 所示。

观众想见证她的蜕变，而她的自律和坚持不懈的精神也能引起观众广泛共鸣。她的案例也验证了即使你是非常普通的人，但只要具有某种品质或闪光点，你也能成为优秀的博主。

图 1-15　学员"是佳漪呀"的相关分享

（2）真实

真实自有万钧之力。虽然小红书上不乏颜值高、身材好、生活光鲜的博主，但不代表只有这样才会火。用户的眼睛是雪亮的，真诚、用心地分享内容最受欢迎，不做作、不浮夸、不扭捏的态度也会更让人愿意亲近。

小红书上朴实无华、接地气的博主大有人在。例如，小红书博主"一乔桑哇"通过短视频分享自己日常的极简生活、不消费主义，连滤镜都懒得用，也收获了大量的粉丝，如图 1-16 所示。

她之所以能成功，一个很重要的原因就是她足够真实地分享自己的一天怎么过、花销多少。
我们对别人的生活或多或少都有
一些好奇和窥探的心理，而这个
账号就真实坦率地展现给大家
看，吸引了很多有相同生活理念、
喜欢这种生活方式的人。

（3）有闪光点

很多优秀的小红书博主之所
以受欢迎，就是因为他们身上至
少有一项优点或独特的闪光点。

图 1-16　小红书账号"一乔桑哇"

闪光点包括很多方面，如长
得好看、声音好听、有亲和力、有辨识度、人生经历丰富、过
着别人想过却没过上的生活、做着别人想做但没做的事、有某
种拿得出手的特长、有趣又幽默等。每个人身上都有闪光点，
就看你会不会挖掘。

（4）有价值

我们会为某篇好看的笔记点赞，但只会为有用或有料的笔
记点收藏；我们会为一篇精彩的笔记点收藏，但只会因为这个
账号能持续为自己提供价值而关注。每一个受粉丝青睐的小红
书博主，都至少能为他的粉丝提供一种价值。

小红书博主"程十安"提供的是美妆干货教程，"小嘉啊"
提供的是知识和情绪价值，"刘家勇医生"提供的是健康知识科普。想想你分享的内容能给他人提供什么价值呢？是干货经验，还是稀缺信息？能给人提供情绪价值，还是提供决策参考？这些都是价值。

价值是所有优质小红书博主可持续发展的根本，无法提供价值的博主是走不长远的。

很多人都能做到积极、真实，但要想有闪光点、有价值就需要好好挖掘。如果你不知道自己能提供什么价值，似乎也没有任何闪光点，大概率是因为你对自己的认识还不够。我在后文中会分享挖掘自身才华和亮点的方法。

★ 测一测你有多大潜力成为优质大博主（每一项最高 10 分，你给自己打几分）★

- 有想要成为头部博主／网红的强烈愿望。

- 想通过视频打造个人品牌变现。

- 希望通过自己的内容帮助更多人。

- 在某个领域能持续输出有价值的内容。

- 能在镜头前自信地表达和表现。

- 愿以空杯心态听取专业意见并付诸行动。

- 愿意一遍又一遍地修改文案和拍摄作品。

- 无论多忙，都愿意为此每天至少花 1 小时。

- 有至少拍摄 100 条视频的决心。

- 能承受内容火了之后的网络舆论压力。

1.2　重新认识自己，挖掘优势能力

我运营小红书账号以来，发现大家提得最多的问题永远都是"我不知道发什么内容；我不知道如何开始；我不知道怎样定位；我到底适合做什么样的账号？"

很多人之所以迷茫，就是因为对自己缺乏了解。一切答案都藏在自己身上，我们只有先认识自己、找到自己，才能找到适合自己的定位方向。我在这一节中会分享三个好用的工具，帮助对运营小红书账号感到迷茫的读者分析和梳理自己，再结合科学有效的定位模型，一步步找到自己的优势能力和方向。

1.2.1　自我盘点，梳理闪光点

对做什么方向感到迷茫，本质上是因为你对自己不够了解，没有充分认识自己，不知道自己擅长什么、喜欢什么、有什么优势。不论是运营小红书账号，还是进行职业生涯规划，都会面临这个问题。所以，定位难就难在它不是一个简单的"做什么内容"的问题。

在认识自己这件事上，我花了四五年的时间才找到自己擅长又喜欢的事业——做内容及自媒体变现赋能。在这里，我分享自己实践过的有效的系统方法：通过自我盘点画布、自我提问清单进行了两轮梳理，在充分了解自己的基础上运用 SPRM 模型找到了自己的优势能力和闪光点。

方法一：利用自我盘点画布，如表 1-1 所示。

表 1-1　自我盘点画布

序号	项目	盘点结果（示例）
1	专业	如心理、财务、教育、金融、医学等
2	职业	如摄影师、形象顾问、医生、律师、品牌经理、HR等
3	身份	如宝妈、宝爸、创业者、自由职业者、阅读达人等
4	知识	截至目前，你积累了哪些方面的知识，如设计、营销、财务、沟通等
5	技能	在生活和工作中，你会哪些技能？如做饭、化妆、穿搭、做PPT、汇报演讲、画画、跳绳等
6	兴趣	如健身、手工、读书、各种爱好等
7	资源	如人际关系、渠道、环境、地域等
8	经历	如生活经历、工作经历、人生故事、短期项目等
9	外貌	如美、帅、有辨识度等
10	个性	如活泼可爱、幽默风趣、表情夸张、温暖治愈、真诚朴实等
11	语言	如声音好听、会多国语言、会特色方言、音色独特、语速适中等

为了方便大家实操，我以学员小 A 的作业为案例，展示完整的自我盘点的过程，如表 1-2 所示。

表 1-2　学员小 A 的自我盘点画布

序号	项目	盘点结果
1	专业	皮肤管理、养生
2	职业	美容院老板、品牌创始人、皮肤管理讲师、高级私人皮肤管理顾问
3	身份	创业者

续表

序号	项目	盘点结果
4	知识	皮肤护理、精准护肤临床经验、护肤培训
5	技能	讲课
6	兴趣	健身、养生
7	资源	（1）在知识付费圈向很多专家付费学习了2年 （2）渠道还行，因为护肤品的供货渠道还是比较好的 （3）常在北京
8	经历	（1）我有9年的美容行业经验，接受过美容师培训，深度学习心理学，同时关注养生 （2）2013—2018年，担任微商创始人特助，对产品的生产和研发比较熟悉 （3）2018—2022年，参加皮肤管理培训，经营个体美容机构
9	外貌	身高175cm，肤白，颜值高，身材好
10	个性	真诚、朴实、靠谱、有责任心、爱笑
11	语言	普通话标准，声音好听

1.2.2　自我提问，发现优势

方法二：列出自我提问清单，借助问答的形式发现自己的优势能力和兴趣，如表1-3所示。

表1-3　自我提问清单

目标	具体问题	回答
发现你的兴趣	（1）迄今为止，你为之倾注过热情的事情是什么？	
	（2）你从小到大为什么事情花过时间、花过钱，并且到现在还在关注和投入？	
	（3）如果现在有一场千人演讲，你特别想和他们分享的主题是什么？	

目标	具体问题	回答
发现你的兴趣	（4）你从小到大坚持至今的事情是什么？	
	（5）你平时经常关注或特别感兴趣的是什么？	
	（6）什么东西或事情会让你特别激动、向往，有冲劲去完成并乐此不疲？	
	（7）你一有时间就会做的事情是什么？	
发现你的优势能力	（8）你的优点和长处是什么？	
	（9）你做什么事特别出色？	
	（10）你做什么事情天然地比别人更容易做好，更容易成功？	
	（11）别人经常夸你什么？你做什么事容易被人表扬夸赞？	
	（12）有什么事情是大家觉得很难但你轻而易举就能做到的？	
	（13）你曾经不擅长、为之自卑、被视为弱点的，但现在已经克服的事情是什么？	
	（14）你会嫉妒别人什么？你在什么事情上容易嫉妒别人？	

我以学员小 A 的作业为例，如表 1-4 所示。

表 1-4　学员小 A 的自我提问清单

目标	具体问题	回答
发现你的兴趣	（1）迄今为止，你为之倾注过热情的事情是什么？	学习、个人成长，以及对美容行业的研究
	（2）你从小到大为什么事情花过时间、花过钱，并且到现在还在关注和投入？	（1）学习皮肤管理的技术 （2）注重个人成长和能力提升，让自己变得更好 （3）追求身体健康和变美
	（3）如果现在有一场千人演讲，你特别想和他们分享的主题是什么？	如何正确护肤

续表

目标	具体问题	回答
发现你的兴趣	（4）你从小到大坚持至今的事情是什么？	（1）爱美 （2）找老师学习
	（5）你平时经常关注或特别感兴趣的是什么？	（1）个人成长 （2）皮肤管理
	（6）什么东西或事情会让你特别激动、向往，有冲劲去完成并乐此不疲？	（1）带领别人变美 （2）分享和讲课
	（7）你一有时间就会做的事情是什么？	（1）看书，包括个人成长、营销等 （2）琢磨自己的生意
发现你的优势能力	（8）你的优点和长处是什么？	真诚、热爱分享、长得高、积极、有韧性
	（9）你做什么事特别出色？	（1）解决和改善肌肤问题 （2）辅助老板带团队，站在老板的角度考虑问题 （3）给客户做咨询，轻松赢得信任
	（10）你做什么事情天然地比别人更容易做好，更容易成功？	分享、讲课
	（11）别人经常夸你什么？你做什么事容易被人表扬夸赞？	讲课的内容好理解、自律、给客户做护理的效果好
	（12）有什么事情是大家觉得很难但你轻而易举就能做到的？	（1）讲课 （2）学习美容的新技术或理解底层逻辑
	（13）你曾经不擅长的、为之自卑的、被视为弱点的，但现在已经克服的事情是什么？	赚钱思维较弱
	（14）你会嫉妒别人什么？或者在什么事情上容易嫉妒别人？	别人的行动力强

1.2.3　运用 SPRM 模型定位优势能力

前面两种方法都是在发散思维、收集信息，还没有得出明确的结论。认识自己的目的是要得到一个结论：我的优势能力到底在哪里？接下来就运用 SPRM 模型分析结论。

SPRM 分别指代能力（Strengths）、热情（Passion）、资源（Resources）、市场（Market）。运用这个模型，可以按以下三步执行。

第一步，我们需要盘点自己有哪些能力（不管是工作中还是生活中所具备的，包括知识、技能或通用能力，都写下来）、对什么事情有热情、手上有哪些资源（包括但不限于人际关系、渠道、环境、地域等）。把能力、热情、资源分别写在相应的圆圈里，如图 1-17 所示（后文称为"优势能力三叶草"）。

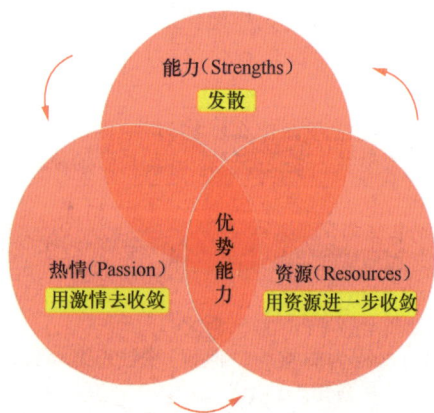

图 1-17　优势能力三叶草

第二步，转动"优势能力三叶草"，从能力出发，用热情去收敛，看这些能力中哪些是你特别感兴趣、有热情持续做、哪怕不赚钱也愿意做的，把没热情的划掉。再以同样的方法，用资源去收敛，看剩下的这些事情或能力中哪些是你有资源可以整合的。最终收敛成为能力、热情、资源三者的交集，这就是你的优势能力圈。

第三步，进行市场判断和检验。在这个优势能力下选择的赛道、要做的领域到底有没有市场？市场需求大不大？变现能力强不强？无论做个人 IP，还是做账号，商业价值高、变现能力强的 IP 一开始做的就是离钱最近的赛道。从某种意义上说，市场（Market）也可以被理解为金钱（Money），只有符合市场需求才会离钱近，如图 1-18 所示。

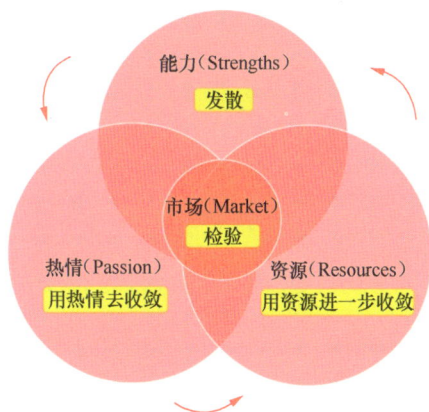

图 1-18　SPRM 模型

我们可以通过以下三个问题检验市场。

① 是否与趋势一致？

② 是否有成功案例?

③ 是否需求未被满足?

如果答案都是肯定的,那么这就是你定位的领域和赛道。如果不是,就看看你的优势能力中还有没有其他选项更符合市场需求、更容易变现。

以上就是 SPRM 模型的运用步骤,最终我们要得出一个结论,那就是"我的优势能力是什么,我能为什么人提供什么价值"。最后呈现出来的就是下面这样一段话,你只要完成填空即可。

基于我的 _____ 优势能力,我为 _____(用户)提供 _____(内容 / 产品 / 服务),让他们可以在 _____ 情境下,解决他们的 _____ 痛点问题,让他们获得 _____(收益)。

下面以我自己为例,看看如何用 SPRM 模型定位我的优势能力。

第一步,梳理我的 SPR 优势能力圈。

① S:品牌营销、策划、文案、自媒体内容创作、写作、读书、逻辑思维、输出。

② P:自媒体内容创作、写作、读书、分享。

③ R:自媒体圈子、各平台官方运营。

第二步,转动"优势能力三叶草"。

以上三者的交集是自媒体内容创作与培训,写作、读书和营销策划的能力都能让我把内容做得更好，逻辑思维能力和分享热情也能让我把课讲得更好。

第三步，做市场验证。

在人人都是自媒体的时代，自媒体内容创作与培训的市场需求大，两者都能变现，相辅相成。我自己通过内容创作把个人 IP 做起来并变现，再把经验总结成课，教别人如何打造能赚钱的 IP。

最后，我得出以下结论。

基于我 8 年跨行业品牌营销和 6 年自媒体运营经验、极强的"学习—行动—总结输出"能力（优势能力），我为职场人、宝妈、创业者（用户）提供自媒体和个人品牌打造的相关课程、咨询和孵化（产品/服务），让他们可以在想通过自媒体变现、创业和做线上生意时（情境），解决他们不会做内容、没流量、无法变现等问题（痛点），让他们获得从 0 到 1 的自媒体变现、打造个人品牌，并打通公域和私域的商业变现闭环（收益）。

在运用这个模型时，我们还要注意以下两点。

第一，社会上通常有两类人：一类是能力型人，即靠能力驱动发展的人；另一类是资源型人，即靠资源驱动发展的人。

如果你是能力型人，那就可以从能力出发，按照 SPR 三个步骤进行。

$$能力型：S \rightarrow （P \rightarrow R）$$

如果你是资源型人，那就可以从资源出发，首先发散盘点手上有哪些资源，然后用能力和热情去收敛聚焦。

$$资源型：(S \leftarrow P) \leftarrow R$$

第二，在 S 这部分有大 S 和小 S 之分。大 S 是指与生俱来的能力。例如，有的人天生表达能力很强，有的人天生社交能力强。小 S 是指后天培养学习得来的能力。例如，工作中学会的技能。在用热情和资源做收敛时，大 S 优先于小 S。

综上所述，到这里我们主要解决了两个问题：一是了解了小红书这个平台；二是充分认识了自己，找到了自己的优势能力和闪光点。有了这两个基础，我们就可以真正开始定位了。

最后，再来看看学员小 A 的作业案例。

基于我 9 年化妆品生产研发及 7 年皮肤管理咨询的经验，深度学习美业和研究皮肤生理学、细胞学、产品成分学、问题肌肤、分层抗衰的优势能力，我为爱美女性、高知女性、皮肤管理师（用户）提供皮肤咨询、问题肌处理、个性化指导（产品／服务），让他们可以解决不知道如何选择护肤产品、皮肤怎么护理都没有改善等问题，帮助他们认识自己的皮肤，建立自己的护肤抗衰框架，选择合适的产品和项目，最终帮助更多的爱美女性变美、变健康。

1.3　全面梳理人设定位

前面完成了知己知彼的梳理和优势能力的定位，目的是从自身出发，选择符合平台和用户喜好的人设定位。接下来我们了解一下小红书博主人设定位的构成要素，掌握如何通过对各个要素的系统挖掘得到精准、适合的人设定位。

这里的"人设"是一个中性词，就是你在大家心目中的印象标签。例如，你是一个什么样的人、有什么特点、大家都怎样描述你，等等。

人设本身是立体的，不是单一维度的。它包含很多方面，如颜值、性格、身份、职业、家庭角色、兴趣爱好、社会关系等。所以，人设定位也是立体、多维度的。最好的人设就是做真实的自己，没有哪个人设比自我更加独一无二。

1.3.1　人设定位公式

我总结了一个通用的人设定位公式，如图 1-19 所示。

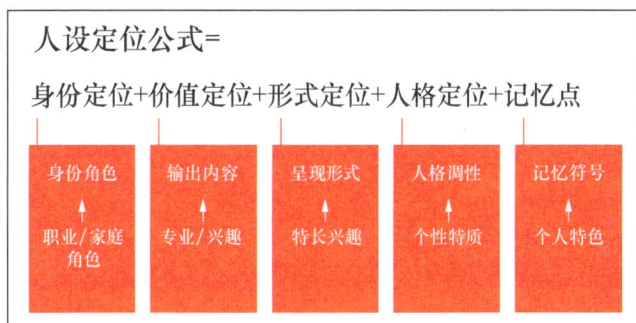

图 1-19　人设定位公式

（1）身份定位

你的职业身份或生活身份是什么？职业上，你是老板还是高管？是程序员还是摄影师？生活上，你是户外爱好者，还是数码爱好者……你可以从这些维度挖掘自己的身份标签。

蒲公英平台上有人设标签可供博主选择，主要包含身份信息、家庭角色和特色背景三类，其中的选项也可供参考，如图1-20所示。

图 1-20 小红书蒲公英平台的人设标签

（2）价值定位

人设定位五要素里，价值定位是立足之本。因为价值定位决定了小红书账号的内容方向，以及未来的变现空间和变现方式。

所谓价值定位，就是我输出什么内容、我的内容为什么人提供什么价值。如果你已经利用前文讲述的 SPRM 模型找到了自己的优势能力，那么这里的答案就很清晰了；如果没有，那么你可以返回去再梳理一遍，找出让自己满意的结论。

当你能完整地描述以下这段话时，你就明确了自己的价值定位。

一句话价值定位：

基于我的 _____ 优势能力，我为 _____（用户）提供 _____（内容 / 产品 / 服务），让他们可以在 _____ 情境下，解决他们的 _____ 痛点问题，让他们获得 _____（收益）。

我的学员"婷姐育儿经"是这样写的：

基于我7年临床护理经验、5年育儿学习实践的优势能力，我为宝妈（用户）提供科学育儿知识和相关课程、咨询（产品 / 服务），让她们可以在空闲时间多学育儿知识（情境），解决孩子难养、难带、易生病等问题（痛点），让她们获得省心、省力喂养孩子的科学方法。

很明显，"婷姐育儿经"的价值定位就是分享科学育儿知识，帮助家长省心、省力养育孩子，让孩子健康、少生病。

（3）形式定位

小红书笔记的内容形式只有两种，即图文和视频。两种形式还可以细分为多种呈现形式。

图文的呈现形式有重图片、轻文字的，如图 1-21 所示；有以文字为主、图片为辅的，如图 1-22 所示；还有 Plog，也就是图片博客，如图 1-23 所示。

图 1-21　重图片、轻文字的图文笔记

图 1-22　以文字为主、图片为辅的图文笔记

图 1-23　图片博客

视频的呈现形式有口播、Vlog、素材混剪、剧情段子类。我的账号"厦九九"就是以口播为主，偶尔会有口播 +Vlog 的形式，早期也做过纯 Vlog 的形式，如图 1-24 所示。

图 1-24　小红书账号"厦九九"的视频类型

选择何种呈现形式，取决于你的特长和优势。假如你懂平面设计，图片做得特别好看，你做图文的形式就比其他人有优势。假如你很喜欢拍视频，并且已经有一定的经验，那么选择 Vlog 形式就能领先很多人。如果你的演讲表现力很好，那么口播就很适合你。如果你本身就很有表现欲，是学表演或做编剧的，那么剧情类可能更适合你展现自己的表演天分和编剧思维。

（4）人格定位

人格定位是指你呈现出的人格特质。你给人的印象和感觉是怎样的？用几个关键词描述出来。

每个账号、每个 IP 给人的感觉都是不一样的。例如，陈翔六点半是幽默搞笑，李子柒是浪漫唯美，李筱懿是知性优雅，房琪 kiki 是文艺古典，陈诗远是温暖治愈，夏九九是励志知性。

如果你无法找到像这样的四字描述，那么用几个关键词描述出来也可以，如有亲和力、专业、有趣、质朴、有品位；或者是最终想要留在用户心中的感觉，如邻家姐姐、高知学霸等。

（5）记忆点

小红书每天都有成千上万的新博主出现，想要从中脱颖而出，博主就必须有自己的特色。除了身份、价值、呈现形式和人格调性的差异化，博主还要有独特的记忆点。

记忆点就是品牌符号，可以是一个词语、一个图形，也可以是某种声音。设计记忆点的目的是便于用户记住和传播。越是鲜明独特的记忆点，越能让用户产生深刻的印象。

你可以从以下众多方面入手，打造自己的专属记忆点。

① 个人形象与服道化

所谓服道化就是在服装、道具和妆容上保持个人特色。例如，汉服小姐姐讲 PPT，或者穿着旗袍、精致打扮的厨娘，就有很强的差异化记忆点。

很多小红书博主每次都是在特定的场景或以固定的风格出现。场景里还可以摆放固定的物品，如某种花或某幅画，用户每次看到这种花和这幅画就会想到这个账号。

② 语言动作

语言上的记忆点包括很多种。有些博主会多国语言，时不时会在内容中炫一下。有些博主主打方言，如四川话、粤语等。还有些博主说话带有很浓的地方口音，反倒成为一种特色。例如，戴建业老师的地方口音特别浓，但粉丝一听就知道是他。还有些情感博主或读书博主的声音很有辨识度，这也是一大记忆点。

比较常见的还有在开场和结尾设计固定的口头禅或口号，相当于"语言钉"，植入受众的认知，再搭配固定的手势或动作，也能形成记忆点。例如，我在早期的视频笔记结尾都会说："一起成长、成事、成为自己。"

③ 人物

运用出镜人物也可以打造记忆点。例如，有些账号的出镜人物中有一个固定的主角，也总有另一个固定的配角，就坐在沙发上玩手机，当工具人。再如，同样都是学霸人设，大部分账号是单人口播，而"致 91 岁的双胞胎"这个账号却是双胞胎学霸一起出镜，如图 1-25 所示。

④ 音乐

声音和音乐也是打造记忆点的常用方式。你会发现有些博主每次出场都用相同的音乐。例如，小红书账号"冷少"的视频开场中，主角出场时都用同样的音乐，你看得多了听到这首音乐时就能想起这个博主。

⑤ 主题 / 系列

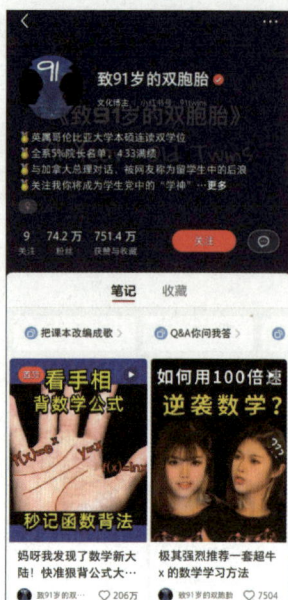

图 1-25 小红书账号"致 91 岁的双胞胎"

做主题或系列类的内容也可以成为账号记忆点。例如，我的"敢不敢用 × 天改变自己"系列，如图 1-26 所示。

图 1-26 系列类小红书笔记示例

我的学员"教书匠左左"主打的是"吃透语义书"系列，另一位学员"肉肉妈咪"做辅食，主打的就是"一锅蒸"系列。无论教育还是美食，都是竞争很激烈的领域，"教书匠左左"和"肉肉妈咪"之所以能脱颖而出，很大程度上是因为创造了自己的主题或系列，让人一眼就记住了她们的特色。

⑥ 内容模式

你可能发现有些摄影博主的每个视频都是一模一样的架构，只不过是今天在咖啡馆拍、明天在酒店拍、后天在奶茶店拍……不管如何换场景，他的讲解话术、内容模块和剪辑节奏都是一样的。这就是固定的内容模式。

例如，小红书账号"阿末的美食日记 m"的每条视频，开头都是固定的菜品展示，拍摄手法都是水平运镜展示整体，筷子夹起展示细节。

基于以上六种设置记忆点的方法，你可以思考自己有哪些特色、特长、优势、闪光点或独特创意可以融入小红书笔记中，为自己的人设加分，让人一眼就记住自己。

了解了人设定位公式的五要素，接下来就可以根据自身情况对每个要素进行梳理。

以我自己为例，我的身份定位是自媒体创业宝妈；我的价值定位是分享自媒体和女性成长干货；我的呈现形式是以口播为主、Vlog 为辅，偶尔也有一些视频采用口播 +Vlog 的形式；我的人格调性是励志、知性、专业；我的记忆点是主页封面风格统一、服道化调性一致，视频结尾有固定的口号。

当然，仅仅是梳理还不够，你需要整合起来，描述出一个具体、可感知的人物形象。尝试用一句话把它表达出来，是否能让用户清晰地看出你是一个什么样的人。因此，我总结了一个填空式模板，只要将以上五个要素整合到这句话中，就可以得出一句话人设定位：

一个 _____（人格定位）_____（身份）用 _____（形式）分享 _____（价值），我的记忆点是 _____。

仍以我自己为例，我的人设如下：

一个励志知性、专业（人格定位）的自媒体创业宝妈（身份）用口播（形式）分享自媒体和女性成长干货（价值），我的记忆点是封面统一、有固定的口号。

1.3.2　号设一体化

如何把人设准确地传达给用户和粉丝呢？答案就是通过账号整体的设置和内容来实现。所以，我们要遵循一个宗旨——号设一体，也就是账号分享的内容与博主要传递的人设相符。

如果你定位的人设是 A，账号内容却是 B，二者不在一个频道上，用户会瞬间失去对你的信任，而且很可能不会关注你。

前文分享了一句话人设定位，完成这句话的填空后，你就能够直观地看出自己人设定位的各要素之间有没有互相矛盾和冲突的地方，尤其是自己的身份定位和价值定位有没有契合。

例如，一位爱玩极限运动的理财顾问用口播的形式分享女性成长干货。其中，极限运动和理财结合在一起就不太合适，因为极限运动本身是很有冒险精神的，而没有客户希望自己的理财顾问是一个爱冒险的人，两者没有形成很好的背书。另外，以理财顾问的身份去讲女性成长干货也有一点牵强，这个身份并没有为你输出的价值提供背书，就不如职场高管、妈妈或女性创业者的身份更契合。

请记住，你的资历、背景与你提供的价值一定要契合，而非割裂、矛盾和不相关。

在打造个人品牌上，有一个人设洋葱模型，由内而外分别是核心价值、能力资源和外在形象，如图 1-27 所示。只有能击穿三层的人设，才是真实靠谱、有巨大商业价值的 IP 人设。

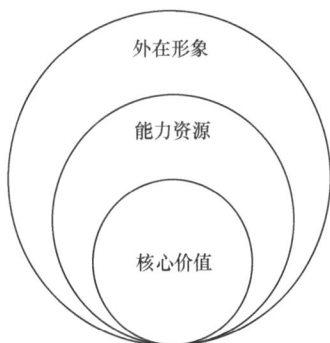

图 1-27 人设洋葱模型

以一个实物产品为例，你为什么会觉得这个产品很好？是因为它的外观、功能、广告或创始人，还是市场口碑？大多数人都会回答，这是以上所有因素带来的整体感觉。同样，个人品牌也是如此。

新手做账号最容易出现的问题就是内容很杂乱、人设很单一，而高手做账号就知道人设要真实丰富、内容要垂直聚焦。所有人设都围绕自己的内容价值展开，这样的账号才会和粉丝建立强信任感，才有可持续发展性和强劲的生命力。

我的学员琴子是一名应届生。在找到我之前，她的账号完全没有定位，主页简介就是大杂烩：有阅读、写作、理财、亲密关系、个人成长、摄影、美甲、穿搭、好剧、好物……令人眼花缭乱。经过梳理之后，她的账号聚焦在阅读写作和个人成长上，定位就清晰明确了很多，而且很符合她专注于学习成长的身份。

1.3.3　IP 人设五件套

遵循"号设一体"的原则，我们要想将自己的定位和人设充分呈现在账号主页上，就需要设置好"五件套"，包括取个好名字、拍个好头像、写个好简介、做一张加分的背景图及完善资料。

你要想获得别人的关注，就要降低别人认识你的难度。用心设置"五件套"就是为了让用户对你快速建立认知，降低认知成本。

（1）取个好名字

做小红书，什么样的名字是好名字呢？我总结了好名字具有的四个特点。

① 简短好记，易于传播。例如，"厦九九""程十安""淘百万"这些名字没有多音字、生僻字，长度在 2～5 个字。

② 简单好写，便于搜索。除了不要有生僻字，还尽量不要用英文，不要随意添加字母、数字、符号，而是用简单好写的字，这样方便搜索。给用户行方便，就是给自己带流量。

③ 有辨识度，独一无二。一个具有辨识度、独特新颖、让人耳目一新的名字能给人留下深刻的印象。

④ 符合定位和人设，一目了然，让人一看就知道你是做什么的。

我总结了一个取名字的万能模式：IP 名＋关键词。IP 名符合前三个特征就好，关键词可以是账号定位、功能、领域，或者在人设身份、特征中提取。

例如，一米（IP 名）育儿（领域）、阿 Sir（IP 名）电影（功能）、皮皮（IP 名）在蓝色星球（特征：旅游博主）、老纪（IP 名）蚝宅（功能：卖生蚝的）、大白（IP 名）陪你学英语（功能）、楚小兔（IP 名）爱下厨（特征）、周博士（IP 名）变美日记（功能）、粉笔（IP 名）妈咪（身份）。

（2）拍个好头像

头像和名字是一体的，在用户心中建立第一印象，起到强化人设、补充信息的作用。好的头像通常具有以下三个特点。

① 能体现职业、身份、角色，增加人设真实感和信任感。例如，医生的头像是穿着制服的工作照，宝妈的头像是和宝宝

的合照。

② 要符合主页的整体风格。例如，港风时尚博主的头像可以是怀旧风，治愈系知识博主的头像可以小清新一些。

③ 能体现账号的价值。如果不是真人头像，而是设计的卡通头像或 Logo，可以在设计中加上关键词，凸显账号的价值和定位。

头像分为人物照和非人物照，人物照又有真人照和网络人物照。如果是按照个人 IP 的思路做账号，我建议尽量用真人照。

至于是用真人形象照，还是生活照，取决于账号定位需要凸显专业还是亲切感。如果不方便使用真人头像，就可以设计一个有辨识度的卡通头像或 Logo 头像。

从效果上看，真人形象照 / 真人生活照＞真人卡通头像＞网络人物头像＞动植物、风景等非人物照。

（3）写个好简介

有了名字、头像，还需要有简洁、精练、重点突出的账号简介。简介是新用户对博主建立第一印象的关键所在，也是用户决定是否继续浏览其他内容或是否关注博主的重要因素。所以，博主要尽可能在简介中展示以下信息。

① 我是谁？我的身份、职业、头衔。

② 我有何不同？我的经历、学历、履历及独特之处。

③ 何以见得？我的背书、取得的成绩、获得过的奖项和荣

誉、高光时刻等。

④ 我能为用户提供什么价值和利益？明确指出我会分享哪些方面的内容，给用户关注我的理由。例如，绘本博主的简介上写"带你读遍世界童书"。

目前的小红书简介仅限100字以内，所以博主要精练、简洁地展示自己的头衔、专业背书、高光时刻及能带给用户的价值；注意语言要通俗易懂，不要有专业术语、专有名词。

如果你不知道从何下手，就可以使用一个简单好用的梳理工具——MTV自我介绍模型，如图1-28所示。

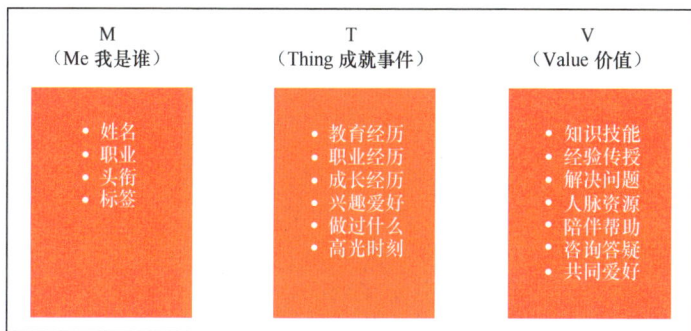

M（Me 我是谁）	T（Thing 成就事件）	V（Value 价值）
● 姓名 ● 职业 ● 头衔 ● 标签	● 教育经历 ● 职业经历 ● 成长经历 ● 兴趣爱好 ● 做过什么 ● 高光时刻	● 知识技能 ● 经验传授 ● 解决问题 ● 人脉资源 ● 陪伴帮助 ● 咨询答疑 ● 共同爱好

图 1-28　MTV 自我介绍模型

按照这个模型梳理完，你就能够总结提炼出简介所需的信息，然后围绕自己的人设定位进行书写。

另外，你在写简介时还要注意以下几点。

① 重点展示优势。如果你的优势是学历，那就展示学历；如果你的优势是在大企业的工作经验，那就亮出你的身份和经验履历。

② 紧扣定位。博主在写身份、头衔等清单式介绍时，要围绕定位，指向一个主打标签，起到强化自身定位的作用，而不是把自己的所有头衔都写上，不相关的头衔可以不写。

例如，我的账号简介中有三个头衔："90后自媒体实战导师""创业二宝妈""个人IP顾问"，如图1-29所示。这些都是围绕自媒体和IP打造方面的，为我分享自媒体干货做支撑。虽然我还有心理咨询师和户外领队证书，但在这个定位下就没必要写出来。

图1-29 小红书账号"厦九九"的简介

③ 关联目标受众。根据我多年做自媒体的经验，你是什么样的人就会吸引什么样的人，做博主也是一样。所以，尽可能多地体现你的身份背景，就能吸引到感兴趣的目标群体。

例如，我的简介里有多种身份，自媒体实战导师、个人IP

顾问、MCN 机构创始人，这些既是背书，也能吸引合作；创业二宝妈能吸引创业人群和宝妈群体；作家的身份能吸引出版社图书编辑的关注，包括你正在读的这本书也是因为编辑看到我的小红书账号邀请出版的。

④ 不断更新迭代。简介是很难一步写到位的，博主需要不断优化，当有新成果、新业绩时要及时更新。目前，小红书允许每周设置一次资料信息。

（4）做一张加分的背景图

小红书主页的背景图是天然的广告位，很多人却忽略了，而是随便上传一张风景照或毫无意义的自拍照，这是一种巨大的浪费。还有些人定制了一张图，在上面放自己的微信号或其他信息，用来引流。这是小红书官方不允许的，很容易违规，而且审核也基本不被通过。

那么，博主应该如何最大化地利用这个广告位呢？我分享以下两个正确的做法。

① 用一句话描述自己的定位和人设，让用户清晰地知道你是干什么的，会给用户带来什么价值；或者直接提炼一句口号，再配上一张唯美、高清且符合人设的图片。

② 展现简介里无法展示的信息。例如，我在简介中说自己是作家，我很想把自己的书名写上去，但书名《撑过去，你终将成为更好的自己》太长，放进简介会超过字数。于是，我直接把背景图片换成书的照片，这个问题就解决了。

博主在制作背景图时需要注意以下三点。

① 小红书主页背景图的长宽比是 5∶4。

② 背景图只有在下拉主页后才会完全展示。

③ 背景图上传后，默认有暗色蒙版滤镜，如果图片上放有文字，文字需要亮色或显眼一些才能清晰可见。

（5）完善资料

博主在主页点击"编辑资料"按钮，就可以进入编辑栏，对头像、名字、简介、背景图进行设置。除了以上四个方面，还有性别、生日、身份（认证后显示）、地区和学校等信息供博主选择性展示，如图 1-30 所示。

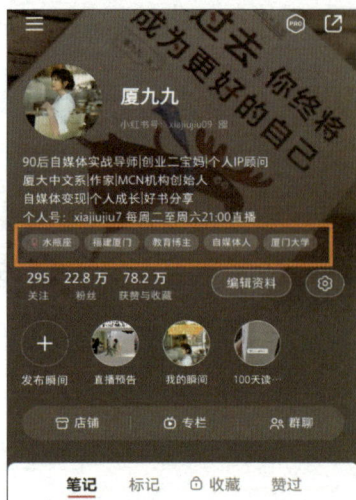

图 1-30　小红书账号
"厦九九"的详细资料

对这些信息的设置，我将其统称为"完善资料"，和上述四个方面一起统称为"五件套"。完善资料是很多人忽略的"小心机"，我建议博主应花心思设置，尽量传达更多有用的信息。将年龄或星座（任选其一）、地点、学校等信息公开，这样有利于增加用户对博主的了解和认同，让博主的人设更加真实、立体，也更容易被关注。

第 2 章

爆款内容：从六个维度打造万赞爆款

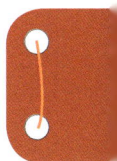

在内容为王的自媒体时代，要想获得源源不断的流量、实现涨粉变现，最直接的途径就是做爆款内容。然而，爆款内容的诞生是各种因素共同作用的结果，小红书爆款笔记也不例外。做爆款内容是系统工程，博主需要了解平台的算法推荐机制，熟悉爆款内容的底层逻辑，懂得做爆款选题。具体到内容创作，还要有吸引人点击的封面和标题，有引人入胜、让人愿意看的文案。无论是图文笔记还是视频笔记，这些步骤和要素都不能省。本章从理解小红书爆款的诞生机制、掌握爆款内容的三大特点及爆款选题的策划方法等六个维度详解如何打造爆款内容。

2.1　小红书爆款内容的诞生机制

做爆款内容的第一步是了解爆款内容的诞生机制——平台的算法推荐机制。小红书的流量绝大部分来自平台的算法推荐。先充分了解算法推荐机制，顺应算法，我们的笔记内容才会被推荐给更多人，否则好内容也可能无人问津。

通过这一节的讲解，我们会了解小红书算法推荐机制的特点，知道一篇内容到底是如何被层层推荐上热门的，以及一篇笔记成为爆款的 KPI[1] 究竟是什么；日常创作中提升哪些关键要素，可以大大提升成为爆款的概率。

1　KPI，它是 Key Performance Indicator 的首字母缩写，一般指企业关键绩效指标，这里指系统决定是否给予更多流量推荐的关键指标。

2.1.1　小红书的算法推荐机制

用户看到的内容是千人千面的，因为不同用户喜欢的内容不同，小红书根据算法为每个人定制了推荐页，每个人看到的都不相同。这种推荐内容的形式在很多自媒体平台都很常见。

相比其他平台，小红书的流量是去中心化的，没有过度注重头部而忽略长尾。据统计，腰部 KOC、普通用户是平台内容贡献的主力军。头豹数据显示，互动量超过 1 万次的小红书笔记中，腰部达人产出占 43%。

另外，小红书推荐页采用双列信息流展示，用户可以自主选择打开感兴趣的笔记。

笔记发布后，流量从哪里来？也就是用户在哪里能看到笔记内容？笔记流量的主要来源如图 2-1 所示。

图 2-1　笔记流量的主要来源

● 首页推荐：用户打开小红书，默认出现在首页的内容就是平台推荐给用户的内容。

● 关注页面：在首页有关注栏，用户刷新可以看到所关注博主更新的内容。从关注页面来的流量，取决于博主的粉丝数量和粉丝黏性。

● 搜索：用户通过首页搜索关键词，搜到某篇笔记并点击观看。

● 个人主页：从个人主页来的流量，是指用户通过浏览主页打开某篇笔记并观看，主要有两种情况。

一种情况是用户在首页推荐或关注页看到博主的一篇笔记，通过这篇笔记进入博主的主页后点击观看了博主主页的其他笔记。这也是为什么一篇爆款笔记会带动其他笔记的原因。

另一种情况是用户通过首页搜索关键词，搜到博主的某篇笔记，通过笔记进入博主的主页，进而点击观看了博主的其他笔记；或者用户对博主有所了解，直接搜索博主的账号名称进入主页，观看了该博主的其他笔记。

● 其他来源：多指转发或分享到站外，如朋友圈、微信群，因此带来的点击浏览。

从图 2-1 中的观众来源占比可知，单篇笔记的观众来源中，首页推荐占比是最高的，后面依次是关注页、搜索和个人主页。所以，要想出爆款，有三个关键因素：一是被平台推荐到首页；二是增加搜索流量；三是提高粉丝数量和黏性，确保有一定的基础观看量。

推荐首页是笔记的主要流量来源，热度一般会维持 7 天左右，甚至更长。搜索流量是笔记发布后的辅助流量来源，长尾效应很长，发布后几个月甚至一年都有可能被观看。用户搜索关键词后，那些优质的、观看和互动人数多的笔记会排在前面，被点击观看的概率就大。这里面的关键点就是爆款和关键词布局，有准确的关键词更容易被搜索到。

账号在初期粉丝数量少、笔记数量也少时，一篇笔记的流量几乎全靠首页推荐。首页推荐的分发机制和底层逻辑到底是什么？如何才能上热门被推荐给更多人呢？这就要说到算法推荐的几个指标，这是平台判断是否给笔记更多推荐流量的 KPI。

2.1.2　小红书爆款笔记的 KPI

当一篇笔记发布并通过审核后，平台会根据内容提取关键词，开始小范围分发测试。在笔记发布的初始阶段，平台可能会将笔记推荐给 1000[1] 个对相关内容感兴趣的用户，也就是会在 1000 个用户的首页曝光，然后根据这 1000 次曝光得到的用户反馈决定是否给该笔记更多的流量和推荐。判断的标准就是点击率、完播率和互动率，这是笔记能否上热门的三个关键指标。

（1）点击率

点击率也称打开率，计算方法是笔记的"小眼睛"数量除

1　1000 只是为了方便表述的虚拟数字，不是真实数据。

以曝光量。例如，笔记被推荐给 1000 个人，如果 1000 个人中有 100 个人点击了笔记，那么点击率就是 10%。点击率是平台判定笔记质量的重要因素之一，点击率越高，说明内容越受欢迎。

用户自己无法测算点击率，因为用户看不到平台的推荐量，但在运营数据分析中可以查看。具体查看路径：在创作中心升级专业号后，点开某篇笔记，点击右上角的"…"，点击屏幕下方的"数据分析"。

根据运营经验，点击率达到 6% ~ 15%，完播率、互动率也都高于同类作者，笔记就很容易上热门，成为爆款，如图 2-2 所示。

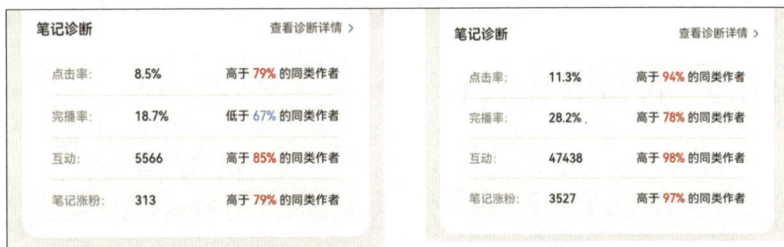

笔记诊断		查看诊断详情 ›
点击率	8.5%	高于 79% 的同类作者
完播率	18.7%	低于 67% 的同类作者
互动	5566	高于 85% 的同类作者
笔记涨粉	313	高于 79% 的同类作者

笔记诊断		查看诊断详情 ›
点击率	11.3%	高于 94% 的同类作者
完播率	28.2%	高于 78% 的同类作者
互动	47438	高于 98% 的同类作者
笔记涨粉	3527	高于 97% 的同类作者

图 2-2 "厦九九"账号后台单篇笔记诊断数据示例

哪些因素会影响点击率呢？从博主的角度看，最重要的是封面、标题及选题。封面和标题重点不明，不吸引人，很难激起用户点击观看的兴趣。好看的封面、有吸引力的标题是需要用心设计的。另外，很多人忽略了非常重要的一点——内容选题，也就是笔记的主题。如果笔记的主题没有话题性，封面再好看，无论标题用多少技巧也很难吸引人，因为笔记的封面和标题也是由内容主题决定的。

（2）完播率

完播率是指有多少人完整看完了视频笔记。如果 100 个人点击观看，其中有 10 个人从头看到尾，那么完播率就是 10%。完播率越高，说明视频笔记的内容越有吸引力。因为用户点击观看后，能不能看完或者尽可能看的时间足够长，就要靠笔记的质量了。完播率越高越好，能高于 60% ～ 90% 的同类作者，视频笔记就很优秀了。

笔记的质量是综合因素作用下的整体感受，包括但不限于整体信息价值、亮点出现频次、剪辑节奏、趣味性和画质。

如果是知识类口播视频笔记，或者泛知识类图文笔记，其内容价值对笔记的质量能起到举足轻重的作用。

（3）互动率

互动体现在点赞、收藏、评论、弹幕等。互动率是指笔记的点赞、收藏、评论数量之和除以观看量（"小眼睛"数量）得到的比值。如果互动率达到 10%，说明笔记有很大的成为爆款的潜力。如果互动率低于 3%，说明笔记成为爆款的可能性极低。

笔记的互动率高，平台就会认为这是一篇优质笔记。其中，收藏的权重大于点赞，评论的权重大于收藏。所以，小红书博主在笔记中要有意识地引导用户多互动、多留言。此外，笔记内容的整体质量高低，以及话题是否共情、是否有争议，也是决定用户能否参与互动的关键因素。

如果小范围测试后笔记的点击率、完播率和互动率都高于同类作者，那么平台会继续将笔记推荐给1万、10万甚至百万个用户。笔记越热，平台就越推，越推就越热，在滚雪球效应下，爆款就诞生了。

如果经过最初的1000次曝光，笔记的点击率、完播率和互动率都严重低于同类作者，那么这篇笔记就不会再有更多流量推荐了。

2.1.3　爆款笔记的五要素

小红书上什么样的笔记是爆款笔记呢？单纯从数据来界定，点赞量不低于1000次的笔记是小爆款，点赞量不低于10000次的笔记是大爆款。

根据前文的分析，一篇笔记能不能成为爆款是很多因素综合作用的结果。围绕点击率、完播率、互动率三个关键指标，我总结了爆款笔记的五要素。博主通过提升这五个要素，就能大大提高做出爆款笔记的概率。

（1）选题

笔记的主题和话题选择是爆款笔记的先决条件。如果讨论的话题是绝大多数人都不关心、不感兴趣的，那么笔记的点击率必然会很低，因为选题的质量决定了流量。

（2）封面和标题

封面和标题是提高笔记点击率的关键所在。内容主题明确、画质清晰的优秀封面，加上简洁准确的标题，会大大提高笔记的点击率。

（3）文案脚本

文字是一切内容形式的母体。好内容一定离不开好文案。要做好内容，文字表达功底是必备基础。

（4）拍摄剪辑

如果文案是内容的灵魂，那么拍摄剪辑就是展现灵魂的视觉语言。清晰、有质感的画面，有节奏的剪辑，引人入胜的故事或观点，组合在一起就是"王炸"。

（5）账号运营

同样一篇笔记由懂运营和不懂运营的博主负责，可能是两种完全不同的结果。有几个日常必做的动作是可以提升笔记流量的。例如，发布时带官方活动话题或其他热门话题、积极回复评论、多和粉丝互动、适时修改封面标题等。

根据以上关键因素，我总结了七条内容自检措施，博主可以对号入座，查漏补缺。

① 内容是否符合平台用户的喜好，引发广泛关注？

② 封面是否画质清晰、主题明确，引人注意？

③ 标题是否简练准确？是否有热词、关键词？

④ 内容是否亮点前置、引人入胜？

⑤ 内容的信息价值是否够高？信息密度和质量是否够好？

⑥ 账号的活跃度、粉丝互动如何？

⑦ 内容是否紧跟站内话题或活动？是否带了话题标签？

2.2　爆款内容的三大特点

爆款内容都是有底层规律的，并且几乎都具有三个特点：第一，拥有用户视角，也就是站在用户角度创作内容；第二，满足爆款触发点中的至少一种要素，我将爆款触发点概括为有趣、有用、有料、有力四要素；第三，至少提供了四大价值中的一种价值，四大价值分别是实用价值、信息价值、情绪价值、决策价值。

2.2.1　用户视角

新手博主大多有一个误区，即会不自觉地以自我为中心，没有站在受众的角度。常见表现有不会刻意做选题，纯粹有感而发，不关心也不知道用户喜欢看什么，于是就有了自嗨式创作。

从选题到内容，如果博主没有做出审核、筛选，不琢磨用户想看到什么，就会遇到阅读量低、互动少、没流量的情况。长此以往，博主会产生挫败感，怀疑自己的创作能力，进而失去创作热情。

正确的做法是以平台为导向、以用户为中心，了解小红书平台的特点和主要群体，根据人设定位明确目标用户。了解目标用户处在什么年龄段？面临何种挑战和问题？他们关心什么，喜欢看什么？他们有哪些痛点？围绕这些与用户息息相关的话题，结合自身的经验和知识创作内容，才是一个成熟博主该有的逻辑。

世界上最远的距离就是你想表达的事情与用户想看、想听、关心、在乎的事情之间有一个"超级鸿沟"，如图 2-3 所示。

你表达的事情

超级鸿沟

用户视角

用户关心的事情

图 2-3　博主和用户之间的"超级鸿沟"

如何跨越这个"超级鸿沟"？那就是要考虑用户视角——站在用户的角度去考虑。人们天然地会从自己的角度考虑问题，很难站在用户视角，所以需要用一些方法来刻意练习。

从自嗨到用户视角，你可以这样想：

- 他们喜欢看什么？
- 他们在意和关心什么？
- 他们需要什么？
- 他们担心什么？
- 他们烦恼什么？
- 他们为什么而焦虑？
- 他们支持什么，反对什么？

另外，在构思内容时，你要先假设用户不会看自己的内容。自嗨的内容往往是博主默认用户会看自己的内容，所以思考的角度就是"我想创作什么，我认为什么好，我觉得什么值得做"。事实上，用户会觉得"不要你觉得，而是我觉得"。

在开始创作内容前，你可以先假设用户：

● 他们不愿意点击我的内容；

● 他们不愿意看完我的内容；

● 他们不愿意点赞、收藏、评论；

● 他们不愿意关注我。

一旦有了这个假设前提，你就会思考："我做什么才会吸引他的注意，引起他的兴趣？我怎样做才会让他愿意看，看了还愿意点赞、收藏、评论、关注？"这样你就在不知不觉中拥有了用户视角。

2.2.2　爆款触发点

爆款内容和形式多种多样，但都有一些相似的规律和共同点。我写过上百篇阅读量过 10 万次的爆款文，也研究过上千篇爆款文，总结了爆款内容之所以成为爆款的触发条件分别是有趣、有用、有料、有力。

（1）有趣

很多内容之所以成为爆款，仅仅是因为很有趣。一些趣味性很强、幽默搞笑、让人觉得很有意思的内容能够激发用户的好奇心和参与感，随着点赞和参与互动的人越来越多，这些有趣的内容会像滚雪球一样成为爆款。例如，一些奇怪、有趣的脑洞漫画，如图 2-4 所示。

（2）有用

人们在互联网上冲浪，除了消遣娱乐，还希望学到知识，获取有用的信息。有用包括但不限于干货类、实用型、技能类的内容，还包括分享经验、感受、信息等。例如，我有一篇笔记讲的是新手做小红书一定要开通的六个隐藏权益，主打的就是"有用"这一点，其播放量达到了 46 万次、点赞量达到了 3 万次、收藏量达到了 4.5 万次，如图 2-5 所示。

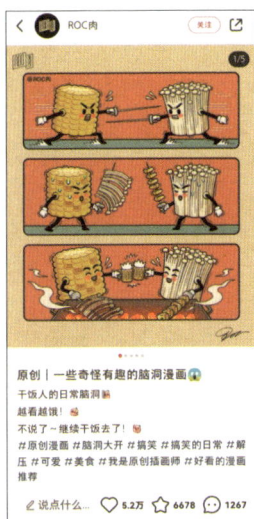

图 2-4　脑洞漫画示例

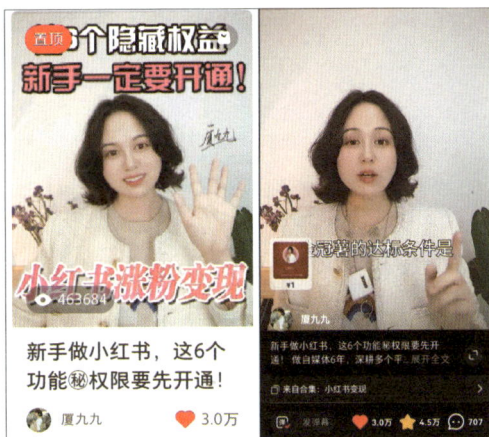

图 2-5　体现"有用"的爆款笔记示例

小红书的广告语是"2 亿人的生活经验，都在小红书"，不论你有生活中哪一方面的经验，分享出来都是对他人有用的内容。

（3）有料

有料是指内容中有具体的细节，有真实的体会和感受。要满足这一点，内容必须是博主亲身的见闻经历，其中要包括没有经历过的人编造不出来的细节。空泛、笼统的内容不可能被用户喜欢。例如，我有一篇笔记分享的就是自己如何战胜抑郁症的经历，以及自己痊愈后对生活和人生的新感悟，如图2-6所示。

7年了，那个得重度抑郁症的女孩，现在怎么样了？

129385

得抑郁症的人还有未来吗？我的抑郁康复之路

厦九九　　4846

图 2-6　体现"有料"的爆款笔记示例

如果博主分享所在领域的知识、趋势，或者某个观点见解，就要有"真材实料"，而不能夸夸其谈，给人言之无物的感觉。

（4）有力

这里的有力是指内容能刺激用户的神经，使其产生情感共鸣。例如，我在看完电影《长津湖》后心情久久不能平静，于是做了一条视频分享自己对电影的看法。在视频结尾，我是这样说的：

祖国用短短的72年就给了我们如此安稳、富足的生活，我们有什么理由不好好生活、好好奋斗，成为一个对社会有用的人？别再陷在你的小情绪、小烦恼、小挫折里出不来，也别再动不动就躺平、混日子，要多为家庭、为社会、为自己做点有

用的事。革命先烈上那么恐怖的战场都
没害怕，我们面对生活的"战场"有啥
好退缩的？死不了！一起加油！

很多用户为这篇笔记点赞并在评
论区复制这段话，就是因为其引发了多
数人的共鸣。

一篇爆款笔记往往具有多个爆款
触发点。例如，有一篇标题为"这个酸
奶喝得我直接原地起飞"的笔记就符合
有用、有趣和有料三个特点，如图2-7
所示。

图 2-7　具有多个爆款
触发点的小红书笔记示例

这篇笔记以"正常人喝酸奶 VS 小红书上的人喝酸奶"为
话题，分享了一种酸奶的吃法，获得了8.3万个赞。

正常人喝酸奶，打开包装直接喝，咕咚两口喝完，快乐结
束。小红书上的人喝酸奶，碟子上铺洗脸巾，挤上爱喝的酸奶，
捆成一个小球球，吊在杯子上，放冰箱冷藏一晚，过滤出乳清，
打开洗脸巾，你就获得了一块固体希腊酸奶，口感像奶酪一样
绵软，撒上奥利奥粉，有一种吃麦旋风的感觉，嚼着吃怎么都
吃不够，呜呼起飞。

从中可以看出，解锁新吃法，满足了"有用"；这种吃法
新奇、好玩，满足了"有趣"；视频中有具体的操作过程，满
足了"有料"。

2.2.3 四大价值

好内容一定是能给用户带来价值的。爆款触发点中有一点是"有用"，与这里说的"有价值"是一致的。内容提供的价值大致可以分为四个层面，分别是实用价值、信息价值、情绪价值和决策价值。好内容至少能提供其中一种价值。

（1）实用价值

实用是指内容对用户有用，能拿来即用，如育儿博主、医生博主、读书博主。

（2）信息价值

这是指博主分享的是一些用户不知道的新鲜事。例如，博主在国外，分享一些当下正在发生的用户不知道的事。或者分享一些用户从来没见过的人、事、物，如做赶海或乡村生活的博主就属于这一类。

（3）情绪价值

例如，压力大、不开心，去看一些搞笑段子，就能感到放松；情绪低落或者失恋了，看到某个内容产生共鸣，就被宽慰和治愈了；甚至仅仅是好看、赏心悦目，让人感到心情愉悦……这些都是情绪价值。具有情绪价值的内容能让用户宣泄情绪、满足情感需求。

（4）决策价值

当用户要买什么、学什么、看什么时，会希望有一个比自己专业的或有经验的人给自己建议。例如，读书博主、好物分享博主、时尚博主、家居博主等提供的就是决策价值。

如果博主是平平无奇的普通人，没有外在的优势条件和资源，也没有幽默的表现力，那么提供实用价值就是博主唯一的出路。博主只有持续地提供实用价值、创作有用的内容，才能走得长远。而且，单纯的颜值、形式都不足以让人持续关注，只有价值可以细水长流，吸引人长期关注。

2.3　爆款选题的特点与策划方法

俗话说"题好一半文"，确定了好的题目，就等于文章成功了一半。小红书笔记的创作也是如此，一个优秀的选题会大大增加笔记内容成为爆款的概率。如果选题不好，没有多少人关心，那么内容再好也无人问津。而一些遵循某种原则、用特定方法策划出来的选题更容易成为爆款，我将其称为爆款选题。

本节重点讲述爆款选题的三个特点，以及策划爆款选题的四种方法，并结合小红书上的爆款笔记总结了九类博主常见的选题方向，供创作者参考借鉴。

2.3.1　爆款选题的三个特点

我通过对小红书上大量爆款笔记进行研究分析，发现爆款选题具有以下三个特点，如图 2-8 所示。

图 2-8　爆款选题的三个特点

　　共鸣性是指笔记的主题能否戳中用户的痛点或关注点，进而引发情感共鸣。例如，对于育儿博主而言，"专治孩子不满足就哭的 4 个方法"就比"孩子看图说话练习"更能戳中父母的痛点，激发父母的阅读兴趣。

　　话题性是指选题具有普遍意义和普适性。例如，"结婚需不需要彩礼""过年回娘家还是回婆家""该不该留在大城市"就是人人都有自己的看法、能讨论一番的话题。

　　奇特性是指选题能够引起用户的好奇心。例如，"四月最臭的花""法国女人为什么出门都背两个包"等冷门知识就具有这个特点。

　　一般来说，无论是图文笔记，还是视频笔记，只要具有以上任一个特点，就能够触动用户，吸引用户点击阅览。

2.3.2　策划爆款选题的四种方法

　　关于如何快速找到爆款选题，我总结了四种简单实用的策划方法。

（1）对标选题法

这种方法就是从对标账号和对标爆款中找灵感。做自媒体账号一定不能闭门造车，创作者需要多看爆款，培养网感，知道当下哪些内容比较火热。

创作者至少要找 5 个对标账号，目的是博采众长，避免思维固化。如果对标账号数量太少，就会导致参考性不足。在找对标账号时或已经找到后，创作者需要沉浸式地看对方的主页，了解对方是怎样做的、哪些内容受欢迎、哪些内容不受欢迎、有哪些值得自己学习和借鉴的地方。

在观察对标账号的过程中，创作者就会产生很多灵感，形成一批爆款选题。当然，在做相同或类似的选题时，创作者一定要有自己的原创思考和见解。

（2）问题选题法

创作者不知道创作什么时，就可以去了解目标用户关心什么，想解决什么问题。一个好问题就等于一个好选题，我自己创作的很多爆款笔记就是在回答用户关心的问题。那么，创作者应该去哪里找问题呢？

简单快捷的方法之一，就是通过关键词去全网（如知乎、悟空问答等问答社区）搜集所在领域的 100 个热门问题，挑选其中热度高、浏览量大、点赞量大的问题。

（3）热点选题法

关注当下的热点，结合热点做选题是获得流量最简单的方法。之所以是热点，就是因为用户都在关注。

那么，创作者怎样知道当下有哪些热点发生呢？方法非常简单，创作者可以在各大平台查看热点展示页面，或者在搜索页查看热点排名，如知乎热搜、微博热搜、抖音热搜等。小红书也有自己的热榜，点击首页右上角的放大镜，在搜索框下方即可看到小红书热榜。

创作中心有笔记灵感和官方活动。笔记灵感就是平台上的热门话题，按照领域分类，创作者可以选择相应的主题进行创作。另外，积极参与官方活动可以获得流量奖励和扶持。

除了各大自媒体平台，创作者还可以关注一些聚合平台，如今日热榜、新榜、易撰等。这些平台几乎整合了所有自媒体平台的热点，创作者看一个就知所有。

当然，追热点不是重点，创作者在追热点时不能跑偏，而是要借热点的流量始终围绕自己所在的领域做内容。例如，对于同样的明星事件，情感博主会从女性成长的角度发表观点，穿搭博主会借势解读其穿搭风格。

（4）Y字形选题法

Y字型选题法即先画一个Y字，左边是用户标签，右边是用户兴趣、痛点或热点，如图2-9所示。创作者将能想到的都写下来，然后两两组合，就可以得到不同的选题。例如，左边用户标签是"宝妈""30多岁"，右边用户痛点是"赚钱""变美"，两两组合就得到了"宝妈如何赚钱""30多岁变美的思路"。

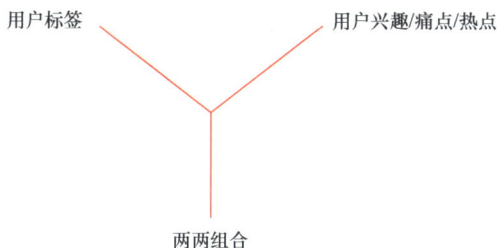

图 2-9　Y 字型选题法

用户标签可从以下方面入手。

① 身份：宝妈、学生、上班族、老板。

② 性别：男、女。

③ 职业：设计师、程序员、摄影师。

④ 年龄：20 岁、25 岁、30 岁、35 岁。

⑤ 行为习惯：熬夜、早起、养猫。

⑥ 地域：四川人、河南人，南方人、北方人。

用户兴趣、痛点或热点需要创作者根据自己的理解和关注点来罗列，如赚钱、减肥、旅行、社交等。

2.3.3　九类博主的选题方向盘点

了解了不同领域博主的选题方向，创作者就不会无从下手了。我盘点了以下九类博主的选题方向，供参考。

（1）美妆护肤博主

美妆护肤作为小红书上排名第一的热门领域，内容相对饱和。博主要想做出差异化和特色，策略就是"细分＋个性"，即从更加细分的方向挖掘，针对更加细分的用户痛点切入，增加个性化内容。

美妆护肤领域常见的选题方向有以下八种。

① 妆容分享，可以按不同场合、场景或风格划分，如早八妆、通勤妆、约会妆等。

② 化妆技巧、教程，按照各个部位细分，如眼睛、腮红、嘴唇、睫毛、眉毛等。

③ 爱用好物分享、开箱测评等。

④ 发型、护发教程或经验。

⑤ 护肤知识分享。

⑥ 各种容貌变美技巧和经验。

⑦ 明星或达人仿妆系列。

⑧ 根据节日、热点做创意妆容，如冬奥会灵感妆、只此青绿创意妆。

（2）时尚、潮流博主

和美妆护肤博主一样，时尚穿搭、潮流服饰也是小红书的热门领域。该领域常见的选题方向有以下六种。

① 分类合集，按照主题和系列进行选题策划，如按照颜色、风格、单品类型、场景进行分类。

② 穿搭教程，不同季节的热门穿搭法则、一衣多穿等，从色彩、风格等入手讲解。

③ 穿搭公式和技巧，用户需求越来越详细，如显肩宽、显肩窄、遮大胯、显头小、显腰身、显高的小个子穿搭、显瘦的藏肉"小心机"等。

④ 好物推荐。单品推荐或合集推荐，前者详细介绍单品并列举推荐理由，后者围绕某个鲜明主题推荐多个单品。

⑤ 潮流信息。对潮流品牌、单品有了解和研究的博主可以做时尚潮流前沿信息和趋势分享。

⑥ 根据季节热点做选题。例如，长假旅游出行期怎么穿，结合热点、美剧等场景做创意灵感穿搭。

（3）美食博主

美食是所有平台都热门的大众领域，小红书作为生活方式平台，当然少不了各式各样高颜值、有个性和创意的美食。该领域常见的选题方向有以下四种。

① 美食测评。

② 美食探店。

③ 美食烹饪教学、烘焙指南、菜谱。

④ 美食 Vlog。

（4）家居博主

家居博主除了分享装修日记、居家 Vlog，还有好物分享、产品测评。该领域常见的选题方向有以下两种。

① 单品或合集类好物分享。

② 不同主题的好物分享。

（5）运动、健身博主

随着人们对健康生活方式的追求，运动、健身、养生等领域方兴未艾。该领域常见的选题方向有以下四种。

① 动作技巧教学，细分到针对某个部位、实现什么功效。

② 跟练记录类、日常健身 Vlog。

③ 科普正确的减肥减脂、塑形或产后恢复等知识。

④ 分享健身日常爱用的好物或测评。

（6）知识、教育博主

知识、教育博主或将迎来一波红利，平台陆续有流量和变现扶持的动作推出。该领域常见的选题方向有以下五类。

① 学科教学类，这是教育博主最常见的选题，以传授知识为主。

② 经验分享类，注重方法、技巧和攻略的分享。

③ 观点态度类，对社会现象或事件发表见解。

④ 技能教学类，如教人制作 PPT、剪辑等。

⑤ 校园记录类，这类博主主要是大学生或高校教职工。

（7）职场博主

围绕职场的方方面面进行分享，内容越来越细化，选题方向主要有以下五种。

① 职场行业揭秘类。例如，体制内、投行人、医生护士、产品运营、软件工程师等有哪些外行人不知道的酸甜苦辣。

② 职场经验攻略。例如，如何找实习、写简历、笔试、面

试、跳槽、升职加薪、提升工作效率等。博主可根据自身定位，针对所在年龄层次的职场人面临的核心问题进行分享，或者针对一些特定时节做职场人关心的话题。

③ 职场事件评析。针对与职场人息息相关的话题或事件发表观点，如 PUA、996、35 岁中年危机、职场人小心情、职场倦怠、内卷等。

④ 常见电脑问题、高效办公工具、高效办公技巧分享。

⑤ 真实人设职场 Vlog，如娱乐圈经纪人、模特星探等。

（8）文化、读书博主

文化、读书博主的主要选题方向有以下五种。

① 读书分享，推荐好书。

② 好书解读，对某个人物或片段的解读。

③ 挖掘书中人物或作者的人生故事及背景历史。

④ 人文艺术作品解读。

⑤ 分享戏剧、音乐剧作品。

（9）Vlog 博主

Vlog 不是记录流水账，而是要有鲜明的人设。除了每期都有一个主题，Vlog 还要有主打内容，如美食、健身、学习、带娃、育儿等，这样才会让用户看到亮点和价值。

2.4 精彩封面和标题的设计技巧

笔记的"小眼睛"数少，没流量，问题可能出在封面和标题上。小红书首页推荐是双列信息流，用户自主选择点击观看。而点击率则是平台判定笔记内容质量的重要因素之一。如果因为封面和标题不吸引人，导致点击率低，就会严重影响平台后续的推荐。这就好比流量的第一道关卡没过，就不会有第二轮、第三轮的流量推荐。

2.4.1　封面和标题的重要性

没有吸引力的封面和标题无法吸引用户点击观看，内容做得再好也无法成为热门。相反，同样的内容，只是封面和标题不同，就会产生截然不同的效果。封面由图和封面标题组成。封面标题是指直接展示在封面上的标题。笔记正文标题是指发布笔记时在标题栏填写的标题，最多可写20个字。

以我的一篇讲自媒体趋势红利的笔记为例，如图2-10所示。刚发布时，我封面上的标题是"未来5～10年自媒体会比房子更值钱"，但数据平平。后来，我将封面上的标题改为"未来5～10年普通人翻身的重大机会"，笔记正文标题进一步补充说明："未来5年人人都能拥有的资产 | 比房子更值钱"。修改之后，这篇笔记的点击率从3%上升到8.6%，成为大爆款；当时累计有36万人观看，1.4万人点赞，涨粉1.5万个。这就是优质封面标题的威力。

为什么这样修改会有效呢？首先，关键词"自媒体"能聚焦的人群相对比较少，但换成"普通人"，受众范围就更大了；

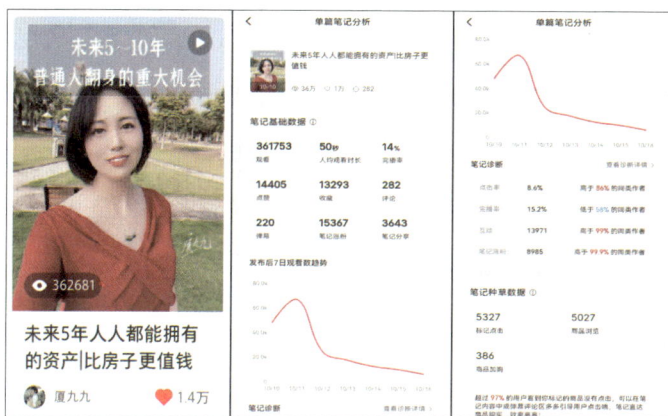

图 2-10　笔记示例

其次，"房子"可能只有部分人感兴趣，也有些人不感兴趣，但改成"翻身"就几乎跟所有人相关了。一说到"普通人翻身的重大机会"，绝大多数人都会感兴趣。

我们回顾一下平时看小红书的场景，无论向下滑还是向上滑，都会刷新页面，出现新内容。每一屏页面能展示 4 篇完整的笔记，包括 4 张封面图、4 个标题、点赞数据、对应的作者头像和名称。用户要不要点开一篇笔记，往往就是几秒的判断。仔细分析这几秒中，我们在关注什么？怎样做判断的？

现在把你当作普通用户，还原一下你平时浏览小红书的场景。

在信息流当中，你会优先被 _____（高颜值／对比强烈／简单粗暴／唯美）的 _____（封面图／标题／点赞数据／名称／头像）吸引，停止手指的滑动，定睛细看。在定睛细看 _____（1

秒 /3 秒 /5 秒）之后，你会根据 _____（封面图 / 标题 / 点赞数据 / 名称 / 头像），选择是否点击 _____（封面图 / 标题）查看详情。

通过上述还原，我们可以清楚地知道，封面图和标题在很大程度上决定了用户会不会点击笔记。另外，如果笔记已经有很多人点赞，也会让用户产生从众心理，觉得这篇笔记好，从而点击观看。点赞数量相当于已观看用户的投票，帮助未观看的用户做了筛选。这也是为什么火的内容会更火。

2.4.2　爆款封面图的特点与排版

笔记的封面由以下四个要素构成。

（1）封面尺寸

小红书封面支持 3∶4 及其以内的尺寸比例，横版、竖版均可。推荐封面尺寸比例为 3∶4，将画面做到最大，这样在首页推荐的双列信息流中更显眼。

（2）封面图片

一张好的封面图片就像一个店铺的门面，不同的封面图片带来的效果和感受不同。封面图片是纯色背景图片，还是真人实景照片？是抠图精心设计的，还是拼图美化过的？高清、整洁、美观的封面图片更能吸引用户的目光。

（3）封面标题或关键词

这是指封面图片上搭配的标题或关键词，它们可以是一句完整的标题，也可以是主题关键词，或者几个体现内容要点和价值的关键短语。

用户在看见封面后一眼就能捕捉到封面的主题词、关键词，如果是自己感兴趣的、需要的内容，就会点进去看。所以，除了封面图要抢眼，封面文案也有着举足轻重的作用，尤其是在图片不够突出的情况下。另外，如果是做知识或干货分享的账号，封面文案就更重要了。

如何写好封面文案呢？我发现爆款笔记的封面文案大多有以下特点。

① 文案简洁明了、主题清晰、不冗长拖沓，第一眼就能让用户感知到传达的内容。

② 文案既概括了内容的核心亮点，也展示内容的价值点和独特性。

③ 文案中至少给用户一个点击观看的理由，要么针对痛点或问题，要么给出好处或利益。

④ 文案贴合笔记内容。

更多关于封面文案的写法，特别是一句话标题，我将在本节后面详细讲解。

总之，对于封面来说，颜值就是生产力。好看的封面自带流量。封面要清晰美观，整体色调要明快清新，这样才更容易从信息流中脱颖而出，被更多人关注到。与之相反，对于画质模糊的封面，平台会认为是低质内容，不予推荐。

（4）爆款封面的排版样式

有了封面图和封面文案，要怎样进行排版设计才会重点突出、美观又吸引人呢？

创作者需要考虑：文字和图片怎样搭配？是单图还是拼图？文案用什么字体和颜色？画面需要什么元素做点缀？

大部分创作者都不是设计人员出身，审美水平也参差不齐。为了方便初学者更快上手，我总结了一个封面排版的万能公式：

封面排版＝竖版／横版／三分／二分＋场景化背景／纯色
背景＋人物主体＋标题／关键词／要点

创作者可以根据自己的喜好、需求和审美进行自主设计。下面是5种常见的爆款封面样式和案例，仅供参考。

① 横版／竖版构图＋人物主体（原图／抠图）＋一句话标题或关键词

封面尺寸比例采用横版4∶3或竖版3∶4，封面图片多以人物为主体，再加一句醒目的文案。横版文案以左右排版为主，竖版文案通常居中排版。如果人物背景很杂乱，要想突出文案，就可以对人物进行抠图和描边，用纯色背景替换杂乱背景。美图秀秀和醒图 App 都可以一键抠图。范例如图 2-11、图 2-12 所示。

图 2-11 横版封面

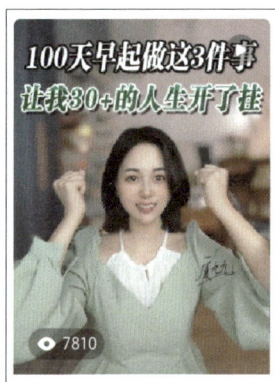

图 2-12　竖版封面

②三分构图＋人物主体＋关键文案

封面可大致被分为上、中、下三部分，上部通常是笔记标题，中部展现人物主体，下部体现一些具有提示性或引发悬念的文案作为信息补充，这样会增加用户点击阅读的兴趣。范例如图 2-13 所示。

③ 二分构图＋居中标题

上下两张图拼在一起，中间拼接部分放上标题或文案。健身博主、美妆博主在体现前后对比照时，这种封面排版就很适合。另外，美妆护肤博主、家居博主等进行测评或拆箱，想在封面展示产品时也可以采用这种排版。范例如图 2-14 所示。

图 2-13　三分构图封面布局示例

图 2-14　二分构图封面布局示例

④ 竖版构图 + 清晰人物照片 + 标题或关键词（上下 / 中间 / 押四角）

竖版构图的画面正中是清晰的人物主体，上方或中间是封面主标题，其他地方根据情况加入一些关键词；还有上下都放文案的情况。例如，有段时间我自己账号的封面就是上下放封面标题文案，如图 2-15 所示。

也可以提炼四字主题，在封面的四角各放一个字，中间放一句话封面标题，如图 2-16 所示。

图 2-15　上下放封面标题文案的封面示例　　图 2-16　押四角的封面示例

⑤ 横版构图 + 场景和人物 + 一句话标题或关键词

这种排版多用于 Vlog，有场景化的背景氛围和人物主体，再搭配吸引人的封面标题。尽量选择 Vlog 中最有看点或很有故事性的画面。范例如图 2-17 所示。

按照上述封面公式，创作者可以设计出自己的专属封面。大家尽量在

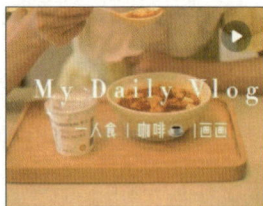

图 2-17　小红书 Vlog 笔记封面示例

一开始就沿用固定的风格，这样主页看起来会很整洁美观，给人的第一印象就很好，而不是杂乱无章。有时候，用户来到主页，看到整齐划一、风格一致的封面，立刻就会对博主产生好感，进而关注。

2.4.3　爆款标题的写作技巧

很多笔记的封面标题和正文标题一模一样，其实这样的效果并不好，我建议创作者要做出差异化。例如，我的一篇笔记，封面标题是"如何摆脱骨子里的自卑，让自信从心长出来"，正文标题是"从自卑敏感到迷之自信，你要经历这三层蜕变"，如图 2-18 所示。封面标题和正文标题既互相呼应，又充分体现了这篇笔记要表达的信息、亮点和价值，更容易吸引用户点击。

图 2-18　封面标题和正文标题差异化的笔记示例

高点击率的背后是三大底层逻辑：第一，与我有关；第二，对我有用；第三，让我好奇。封面标题和正文标题的取法是相通的，如果都满足以上三点，点击率肯定不会差。

那么，具体怎样做到呢？首先，提炼笔记的主题，概括笔记的主要内容，如"变自信的方法""无痛早起的秘诀""我理解的自律"等；然后，据此运用一些取标题的技巧，就能够写出好标题。我总结了以下九个简单实用的技巧。

（1）提问式

提问是使用最普遍且屡试不爽的标题设计技巧。疑问句能天然地吸引用户的注意力，引发思考。你可以问：是什么？为什么？如何？怎么办？

★爆款标题案例★

"不会说话的人如何出口成章？"

"为什么 9 月、10 月出生的孩子更聪明？"

"早起第 799 天，我的生活发生了哪些变化？"

使用提问的方法要注意最核心的一点：问题直指痛点，也就是提用户关心的、需要答案的、正在为此烦恼的问题。

（2）设问式

设问即针对痛点提出问题并给出解决方案，也就是自问自答。例如，"育婴师：带娃太累？你需要这些方法"这个标题。带娃太累？育婴师告诉你是你的方法不对，你需要这些方法。哪些方法呢？点击阅读笔记才能知道答案。这也运用了设置悬念的技巧。

★爆款标题案例★

"如何高效阅读一本书？分享每年读 100 本书的经验"

"百搭多变的白衬衫 | 你们有了吗？ 9 件春季必备"

"洗碗机洗一次碗的成本是多少？其实可以更省"

（3）数字式

在标题中运用数字，数字会在一堆文字中首先被捕捉到，这里说的是阿拉伯数字。关于时间、数量、金钱的数字，不但能引起用户的注意，还能更直观地强化认知，更有价值感。

数字通常运用在信息密度高、有多个知识点的清单式干货分享及聚合式盘点类笔记中。

★**爆款标题案例**★

"12 个 0 成本兼职副业，月入过万"

"平价帆布鞋合集！60 元也能买到好穿、好看的"

"1 分钟学会爆款封面制作"

数字可以和多种技巧搭配使用。例如，"如何才能真正接纳自己？90% 的人都理解错了"就用了设问和数字。

（4）利益式

在标题中直接表明笔记是关于什么主题的、主要内容是什么、用户看完会获得什么好处，这样把价值充分展现出来，对目标用户非常有效。

★**爆款标题案例**★

"气质加分的神态训练，练出星星眼的方法"

"H 型腰变 S 型腰的 3 个训练方法"

"从备孕到产后的母婴解决方案"

（5）悬念式

在标题中设置悬念，话说一半、隐藏一半，最能引人好奇。可以隐藏的信息包括三类："是什么""为什么""怎样做"。例如，"高段位女人拥有的3个特质"。哪3个特质？用户需要点击观看才能知道。

★爆款标题案例★

"饭桌上如何敬酒，有这几句话就够了"

"过年7天没洗脸，没想到我脸都成这样了"

"99%的人会犯的3个水乳误区！正确手法来了"

（6）对比式

所谓对比，就是将结果、境遇、收入、年龄等差距很大的两个事物做对比，营造冲突和矛盾反差，激发用户的好奇心。

★爆款标题案例★

"现任男友与前任男友的差异"

"年薪10万元和年入百万元的人，有什么区别？"

"从150斤到110斤，减肥成功做对了什么？"

（7）劝诫式

利用人们恐惧、想要规避损失及好奇的心理，劝诫用户不要做什么。例如，"职场10大禁忌千万不要犯"，如果你是职场新人，就会想知道到底是什么禁忌、自己有没有犯。

★爆款标题案例★

"变丑警告！这10大坏习惯千万不要有"

"做视频 4 个月，我劝你千万别做短视频了"

"家长须知：远离致 M 的玩具"

（8）共情式

替受众发声，说出对方想说但说不出来的话，契合用户的某种情绪，引发其强烈共鸣。同时，借助感叹词或语气词，传递温暖、励志、激动、震惊、开心等强烈的情绪感受。

★爆款标题案例★

"既然工作有假期，那么全职妈妈也应该有假期！"

"朋友吃了一次，让我原地开店！"

"青春就这么几年，叫上姐妹一起染头，一起出游"

（9）热点式

如果内容的主题与热点相关，标题肯定就要蹭热点。具体方法是在标题中植入热点人物或热门事件的热词、关键词。

★爆款标题案例★

"孟晚舟终归家国！中国早已不是从前的中国"

"奥运冠军全红婵 | '00 后'寒门贵子的光荣与感动"

"看完《长津湖》我后悔了！但我彻底不焦虑了"

还有一些长期热点话题，如内卷、躺平、996、中年危机等，也可以根据内容的契合度植入进去。

以上九种取标题的技巧可以多个叠加使用，效果会更好。

另外，创作者还需要注意以下几点。

① 标题中一定要有关键词，方便平台提取识别，精准推荐

给感兴趣的用户。而且，关键词能让人一眼看到重点。所谓关键词，是指有实际意义的名词，动词、副词、连词、代词都不属于这一类。

② 如果受众很明确，如大学生、宝妈、某个年龄段的女性等，标题中可以放上受众的身份、标签，起到直呼受众的作用。用户会对号入座，更有吸引力。

③ 多用"你"会增加代入感和对话感，让用户觉得就是在说"我"。

④ 尽量多地体现利益、好处、功效，能帮助用户解决什么问题，实现什么效果。

封面标题和笔记正文标题都很重要，这是决定用户第一眼看到笔记要不要点开阅读的关键因素。博主需要用心推敲和打磨，在有限的 20 个字内精准表达笔记的精髓。

2.5　爆款图文笔记创作

小红书笔记分两种：图文和视频。图文是小红书一直以来的传统分享方式，受众较广。即使平台鼓励博主更多创作视频，依然有很大一部分博主喜欢用图文的形式。图文永远有市场需求，而视频是未来趋势。本节首先讲述图文笔记的特点，然后分享爆款图文笔记的写法，最后分享高颜值图片的制作方法。

2.5.1　图文笔记的特点

图文笔记通常分为以下三种类型。

① 以图为主

例如，小红书上经常有博主用图片的形式呈现知识点，除了必要的标题，连文案都省了，直接挂上与笔记主题相关的话题，如图 2-19 所示。

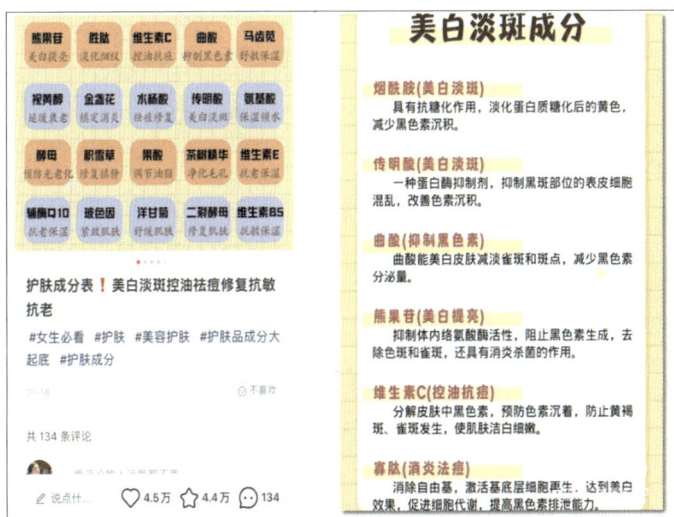

图 2-19　以图为主的小红书笔记示例

② 以文为主

笔记有一张或多张与主题相关的图片，主要内容用文字表达，类似一篇小作文，如图 2-20 所示。小红书正文能发布的文字不超过 1000 字，包括标点符号、分隔符及表情符号等，所以字数基本以 600 ～ 900 字比较适宜。

图 2-20　以文为主的小红书笔记示例

③ Plog，图文并茂

Plog 原指以图片或照片的形式记录生活和日常。小红书上的 Plog 更多是把文字内容放在应景的图片上，如图 2-21 所示。

图 2-21　图文并茂的小红书笔记示例

总体而言，图文笔记具有以下三个特点。

① 图片：尺寸比例 3∶4，可发 1 ~ 9 张，第一张放封面，建议单独制作。好图胜千言，如果能用图讲明白的就尽量不用文字。图片不能出现站外链接、水印或二维码，否则会被系统判定违规，不但不予推荐，还会做出警告处罚。

② 文字：包括标点、表情符号，不超过 1000 字；建议文案最长在 900 字即可。这样的篇幅非常适合喜欢写短文的新手创作者。

③ 排版：发文字前一定要排版。手机端编辑默认不空行，需要用短横线、圆点或表情符号作为分隔符号进行分段。丰富多样的表情符号也能增强情绪表达，但要注意适度，不要太过花哨。

2.5.2　爆款图文笔记的写法

什么样的图文笔记容易上热门呢？答案是清单式干货集锦。对于这种高信息密度、有价值的干货，用户最喜欢点赞收藏。所以，图文笔记的流量密码就是围绕一个主题做聚合型内容。内容聚合是互联网行业术语，是指根据一定的主题或关键词将网站原有的内容进行重新组合排序而生成一个新的列表或专题页面，其初衷是方便用户对同一主题相关的内容进行拓展阅读。

聚合式小红书笔记就是围绕一个主题或关键词将知识、方法、经验、工具等用清单的方式整理出来，方便用户使用。对于这种聚合型的实用内容，用户点赞收藏的数量通常会比只讲一个知识点的笔记要高出很多。例如，"不可错过的8个网站""15个自学成才的App"等。

这类爆款笔记的文案应该怎样写呢？我分享两个常见的写作模式。

（1）总分总写作模式

① 开头：吸引人＋点题

开头要能吸引人注意，引出主题，突出价值和收获，不要有太长的过渡和铺垫。每个人的时间有限，注意力也有限，能吸引人继续观看就是开头的终极作用。

② 中间：释放核心价值

中间按逻辑顺序、有条理地组织主体内容；排版清晰，一目了然；语言精练，不啰唆，用有限的字数尽可能多地展现干货。

③ 结尾：金句＋互动

结尾用金句升华，激发认同，引导互动；设置统一的结束语，展示人设定位，简明扼要地说明你是谁、你会分享什么、为什么值得关注，从而提升用户的关注度。

（2）清单式写作模式

这种模式的核心是要分类、分点，将复杂的逻辑都变成从1到N的清单。例如，某育儿博主的一篇笔记标题为"怎样才能养出情绪稳定的孩子"，开头讲述自己如何培养孩子形成稳定的情绪。这其实就是背书，告诉用户为什么后面讲的内容值得看。接着，主体部分分享了博主总结的几点经验：第一、第二、第三……这就是清单式的经验分享。

2.5.3　高颜值图片的制作

如果创作者能做出高颜值的图片，就会收获更多的点赞收藏，运营小红书将更有优势。那么，怎样在短期内制作出好看的图片呢？答案是用工具和模板。前文讲了爆款封面的若干样式，这里再分享几个很好用的内页图片制作 App 和工具。

（1）黄油相机

黄油相机可谓是小红书的好伴侣，它内含高颜值的模板、字体，能满足小红书封面和内页的制作需求，也适合做复杂的图解说明、Plog等。打开黄油相机 App，可以看到界面上有"抠图""拼图""长图"菜单，如图 2-22所示。创作者可以根据需求使用相应的菜单。

点击图 2-22 底部中心的黄色按钮，可添加图片，

图 2-22　打开黄油相机 App 后的界面

进入图片制作界面。导入图片后，下方有"布局""模板""滤镜""特效""加字"等菜单，如图2-23所示。点击"模板"按钮，有十几种已经做好的封面模板可以直接套用，用户只需更换图片即可。

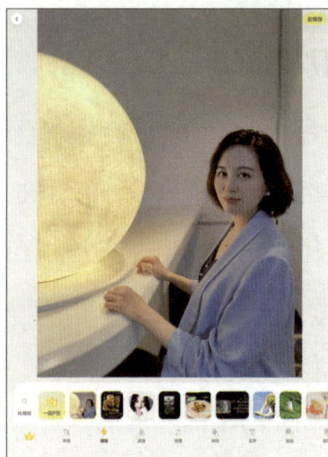

图2-23　修图界面

如果不喜欢模板的样式，用户也可以自己制作。点击"加字"按钮，选择"花字"，用户就能看到系统提前做好的各种字体样式。根据自己图片的风格，用户选择合适的文字并修改内容即可。

（2）美图秀秀

对比黄油相机，美图秀秀的优势在于修饰人像，如一键美颜、美妆、面部重塑、瘦身瘦脸、增高塑形、磨皮、美白、去皱等，能够很好地美化人物、提升颜值。除此之外，它还有调色、涂鸦笔、贴纸、滤镜、模板、拼图及抠图等功能。

　　打开美图秀秀 App，首页不但有图片美化、人像美容，还有常用的拼图功能，如图 2-24 所示。当你有多张图需要拼在一起时就可以使用。

图 2-24　打开美图秀秀 App 后的界面

　　点击"拼图"，选择需要拼接的所有图片，再点击"开始拼图"即可。用户不仅可以选择拼图的样式，还可以选择拼图后的比例。

　　选好样式和比例后，可调整单张图片的位置和大小。用户只需用手指点击图片，按住即可移动拼图中图片的位置，双指向外拖动可放大图片。除了位置和大小，用户还可调整单张图片的滤镜或替换图片。

不管是小红书的图文还是视频封面，一般的制作顺序都是先拼图后美化。因此，接下来就要进入图片美化环节。常用的美化方式包括添加滤镜、调色、增加文字等。

为了让添加的文字更加突出，可以给图片添加偏暗的滤镜或调低亮度。调好后点击"文字"按钮，会出现琳琅满目的文字模板，用户可以选择醒目、颜色对比度高、一眼能看清的样式。

在制作拼图封面时，常用的模式是"拼图样式比例 + 滤镜 + 字体样式"。如果笔记的封面涉及人像，想单独把人像抠出来，可以点美图秀秀首页的"全部"菜单，再点击"抠图"按钮，即可实现人像抠图操作。

（3）醒图

醒图主打的是修图功能，适合需要大量修图的博主，如美妆、穿搭、摄影、生活博主等。打开醒图 App，可以看到页面非常简洁，但功能还是很全面的，用户可以修图、图转视频及批量调色，如图 2-25 所示。

在人物照片美化上，醒图有很多功能可以满足用户的需求，包括但不限于"面部重塑""瘦脸瘦身""美妆""自动美颜""手动美体"等。

图 2-25　打开醒图 App
后的界面

醒图支持拼图后直接添加文字和样式，能提升用户制作图片的效率，比美图秀秀更加方便。

（4）Foodie

Foodie 是一款美食图片软件，主打滤镜和调色，有超过 30 种美食滤镜，非常适合美食博主作为日常工具。打开拍摄页面，点击左下角的修图，从修图界面可以看到许多滤镜，包括"人物""食物""室内""风景"等，用户可根据需要进行选择，如图 2-26 所示。

图 2-26　Foodie 的修图界面

（5）Facetune2

这是一款简单易用的有自拍细节的处理软件，最大的特色是能保持原相机的毛孔质感，适合对照片质量要求高的美妆护肤、时尚博主，如图 2-27 所示。用户可以借助各种编辑工具自由选择并调整成自己喜欢的样子。

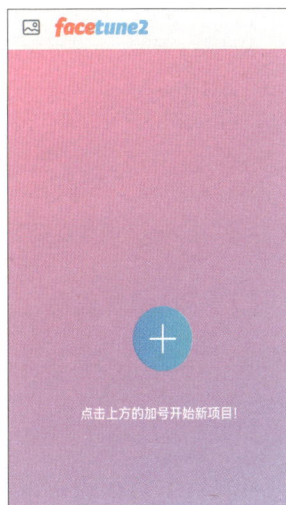

图 2-27　Facetune2 的界面

（6）Layout

Layout 是一款快速将照片拼图的 App，适合经常拼图的博主使用，其首页如图 2-28 所示。

在相册选择 4～9 张照片，系统会自动在上方生成各种样式，如图 2-29 所示。同时，用户也可以点击图 2-29 上方的快屋照，直接进行拍摄。

图 2-28　Layout 的首页界面　图 2-29　选择照片后生成的样式

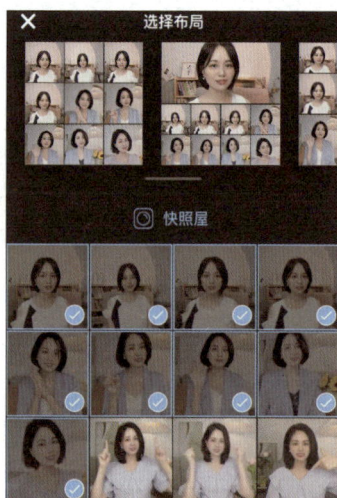

（7）PIcsArt 美易

PIcsArt 美易的背景图比较唯美，用户在做图时如果需要此类背景可使用该软件，其首页如图 2-30 所示。

点击一张照片即可进入修图界面，下方包括工具、特效、人像、贴纸、抠图等功能，如图 2-31 所示。

图 2-30　PIcsArt 美易的首页界面

图 2-31　PIcsArt 美易的修图界面

（8）稿定设计

这是一款适合新手的做图软件，其集齐了海量的素材模板，按场景分类，包括手机海报、电商、新媒体、企业等。用户可以进行不同尺寸、不同平台（如微信公众号、小红书）的封面图片设计，其首页如图 2-32 所示。

稿定设计中有丰富的图片模板，用户选择合适的模板，直接进行图片替换和部分素材的修改就可得到一张设计感十足的封面，

图 2-32　稿定设计的首页

如图 2-33 所示。

以上分享的八个工具，创作者可根据自己的需求、喜好和便捷度选择使用。要想提升图片的美感，创作者还需要平时多欣赏富有设计感、颜值高的图片，模仿它的配色、字体、排版样式等，先模仿，后原创，形成自己的风格。

任何事情在尘埃落定之前都是未知的，
付出不一定跟收获成正比，
但尽全力去做是绝对不会错的。

哪怕做不好也没关系，
就是不要在开始之前就说我不行，这很重要。

图 2-33　稿定设计中的图片模板

2.6　爆款视频笔记创作

很多人一提到做视频就想到拍摄、剪辑很复杂且耗时，但真正开始拍视频后又会发现最难的不是拍摄、剪辑（详见第 3 章），而是写文案脚本。很多人之所以无法持续输出视频，就是因为无法创作有价值的文案脚本。本节围绕视频文案脚本这个关键因素，分别从脚本策划、文案创作万能模式和视频发布技巧三个方面，详述爆款视频笔记该如何打造。

2.6.1　视频脚本策划

无论哪种类型的视频，在拍摄制作前都需要有脚本策划。常用的脚本主要分为以下三类。

（1）脚本提纲

这种脚本只需要确定拍摄主题、类型、内容要点、视频风格等，罗列出整体框架思路，写下要拍摄的重点内容和关键词，防止漏拍或拍摄时不知道说什么，适用于探店 Vlog、旅行 Vlog、访谈式口播等。

（2）分镜脚本

这种脚本就是将文字转换成可以用镜头直接表现的画面语言，包括每个场景对应的画面、景别、拍摄手法、时长、旁白、道具、音乐及音效等，适用于比较复杂的 Vlog 和小剧场式的剧情类视频。普通人拍摄比较复杂的片子，用简化版分镜脚本就足够了，如表 2-1 所示。

表 2-1　简化版分镜脚本模板

镜号	场景	时长	画面内容	旁白/录音	转场	音效	背景音乐	备注

（3）文学脚本

通俗地讲，文学脚本就是纯文字脚本，包括拍摄主题、人物和台词，适合不需要剧情的短视频创作，如口播、教学、测评类。

2.6.2　创作文案脚本的万能模式

视频笔记的完播率很重要，精髓就在于文案脚本要循循善诱，而不是创作者按照自己的节奏娓娓道来。因为用户没有耐心，也没兴趣等你慢慢道来。如果视频笔记的开头平淡无味，内容叙述没有结构层次，结尾也未经设计，无法吸引用户，那么用户就会随时跳出，作品完播率低、浏览量少是必然的。

成熟的创作者知道：开头如何将亮点前置，以便留住用户；过程中如何有条理、有层次地展开，一环扣一环地让用户看到最后；结尾如何引导升华，再次激发用户点赞、收藏。

我总结了一个视频文案万能模式：精彩的开头 + 有价值的正文内容 + 结尾升华。

开头：留住用户。

● 亮点前置，价值先行，黄金 3 秒留住用户。

● 开门见山，不要铺垫，直接讲重点。

正文：集中释放核心价值。

● 2 ～ 5 个价值点，有逻辑，有条理。

● 适当引导用户转发、点赞、评论。

● 注意节奏感，不要太拖沓，语言要精练，信息要丰富。

结尾：激发感召。

● 结尾升华、共情。

● 引导用户关注、点赞、评论。

● 统一的结束语，如个性化口号。

其中，正文的结构通常有以下三种。

● 并列式：提出问题，然后从 3 个角度去说明、分析或佐证。

● 递进式：抛出问题，分析原因，解决问题。

● 对比式：通过正反两面论证说明结果。

基于上述视频文案万能模式，我总结了更加具体的 3 个视频脚本模板，并且提炼了 7 个能瞬间吸引人的开场方法和 6 个打动人心的结尾方式。

3 个视频脚本模板

（1）问题解决型模板：好问题 + 解决方案 + 总结互动

开篇提一个用户关心的问题以引起用户注意，适当描绘现象或痛点；接着提供解决方案，按要点或步骤展开；结尾总结知识点，呼吁行动并引导互动。

★案例★

如何提高思维的逻辑能力？今天要分享的干货有点多，我主要想帮大家解决思维混乱、逻辑性差的问题，你可以先点赞收藏。讲到这个问题，就不得不提结构化思维。而用好结构化思维，只要掌握四个特征就可以，包括结论先行、上下对应、分类清楚、排序逻辑。不管写作、演讲还是会议发言，做到这四点就可以显得思路清晰、逻辑性强。

（1）结论先行

这是结构化思维的第一要义，就是先说结论或结果，再说原因和分析。例如，有人和你说"我跟你说个事儿吧"，然后……你会按捺不住说："停，你要问我什么问题？"

有三种情况，必须结论先行。

①时间紧迫。例如，向领导汇报工作、向客户进行信息反馈时。

②对方需要。只要讲述对象对结果的敏感性超过对原因的敏感性，那就先说结果。

③信息复杂。当某件事的来龙去脉、背景信息很复杂时，请先说核心用意和目的，再阐述过程或理由。

（2）上下对应

给出结论后，你的阐述和论证要跟结论一一对应。思考这样的论证是否真的能够严格推导出结论呢？只有反过来再检查一遍，才能确保上下对应。

（3）分类清楚

分类是结构化思维中最常用的一招。当有两个或两个以上的要素时，就需要分类。分类清楚可以帮助你尽可能地把事情考虑周全，将一个概念或一件事解构，从相关的各个方面去审视和分析，使复杂的事物简单化。

（4）排序逻辑

在写文章、说话时，使用"首先、其次、最后"这一类关联词，受众就很容易清楚你描述的事情发生的时间顺序和逻辑。

按照以上四点进行训练，你只需要2周～2个月就能有明显的改变。为什么有效果呢？因为主题鲜明、归类分组、逻辑递进这三个特征是结构化思维20%的核心。大家都听过"二八法则"，这20%的思维训练提升80%的思维逻辑能力。记得点赞收藏，我是厦九九，关注我，一起成长成事，成为自己。

（2）观点论述型模板：观点＋论述＋结论

开头直接提出观点。为了引起用户的兴趣，观点通常是反常识、有反差的。中间围绕观点，用数据、案例、故事展开论述。结尾重申和强调观点，用金句升华并引导互动。

★案例★

未来 5 ～ 10 年自媒体会比房子更值钱。这次彻底给你讲明白！

自媒体真的只是一个信息平台吗？不是，它其实是一次流量权的再分配，是一次消费的大升级。看懂这个真相的人，未来 5 ～ 10 年将有大把的机会。先点赞收藏，再接着往下看。

本质上，因为自媒体的出现，普通人也有了生产内容、传播内容、获取流量和积累信任的权利，每个人都可以免费注册一个账号，生产各式各样的内容。只要你做得好、有用、有人爱看，就能赚钱；不用求人，不用搞关系，更不需要有背景、有资源。这就是流量权的再分配，认同的点个赞。而流量可以积累，最终变现成财富。

这就是时代开放给每个人的天大机会，每个人都可以摆脱所有中间环节，直接用你的能力、才华、个性，或者可以统称为个人魅力的东西，在互联网上完成生产、宣传、获取顾客、资源整合及相互协作，最终创造个人财富。

过去，人们都是先有了明确的需求，然后在传统电商平台上搜索购买，这是被动的。现在，我们是消费于无形，以信息流、大数据为基础的自媒体平台最终都将成为一个个内容电商平台。人们在看内容或直播时，潜在需求被激发就可以马上下单。人们的需求是在潜移默化中被激发、被消费，这就是一次大的消费升级。每一次消费升级都会带来财富的重新分配，这也是自媒体内容创作者的巨大机会！

自媒体赚钱的核心：信任和流量，这是一切赚钱的本质。最后，我给你分享做自媒体的4种赚钱方式，请务必点赞收藏。第一种是接广告，第二种是带货，第三种是知识付费，第四种是自己做品牌。想知道每一种具体怎么做，关注我，我会陆续更新。记住，这个时代不存在怀才不遇的人，只有愿不愿意运用自媒体的人。我是厦九九，一起成长成事，成为自己。

（3）故事说理型模板：开场＋故事＋观点

人人都喜欢听故事，通过讲述自己或他人的故事阐述有共鸣的观点。这个模板适合以讲故事为主的视频脚本。

首先，开头采用有吸引力的开场白，可以是从故事开始，留下悬念，或者一句振聋发聩的金句；也可以是反常识的观点，或者扎心的提问。

其次，开始讲故事。故事从哪里来？可以是自身经历或身边朋友、同事的故事，还可以是名人热点、明星故事，或者从图书、影视剧中看到的故事。

最后，得出观点和结论。这些观点和结论最好是有共鸣、有争议、颠覆传统认知的，这样才会让人印象深刻。

★案例★

得了抑郁症的人还有明天吗？讲一个我的故事。

这是现在的我，有一份热爱的事业、一个支持我梦想的老公，还有一双可爱的儿女。

2014 年 9 月，我被诊断出患上了抑郁症，之后便从就职的世界 500 强公司辞职回家。那年我 24 岁，人生才刚刚开始，却只能眼睁睁地看着自己堕入无边的黑暗而无能为力。

我感受不到快乐，对所有事情失去了兴趣，也失去了正确的感知。我害怕接电话，不敢出门，整日昏睡，就像丧失了所有行动力和意志力的木头人，但内心又一刻不停地混乱、慌张和痛苦。

我以为男朋友会离我而去，我以为自己会成为家人的拖累，我以为这辈子也就这样了……但那都是当时的我以为，否则你就不会看到现在的我了。

从出现症状到重获新生，我用了近一年的时间。这一年里，我吃过药、看过心理医生，都没有效果。真正的转折是从跑步开始的。有一天，我在网上看到一篇文章，有人 10 年抑郁，通过跑步康复了。出于自救的本能，我逼自己尝试一下。这一跑，从 3 公里跑到 5 公里，再到 8 公里。一开始真的很难，但每一次坚持都是一次力量的聚集。每跑一次，意志力就增加一点点。

在跑了一两个月后，也许是多巴胺的原因，我常常能感受到平静和喜悦了，从此越跑越上头。后来，我给自己报了学习班，逼自己和外界接触，让脑子转起来。在有规律的学习和跑步生活中，我能感受到自己正在一点一点地摆脱抑郁的黑狗，直至痊愈。这么多年过去了，我的抑郁症再也没有复发。

除了男朋友和家人，没有人知道我经历了什么。在很多朋友看来，我只是销声匿迹了一段时间，然后就像变了一个人似的。

经历过抑郁症再站起来的人，就像武侠小说里经受剥皮削骨之痛、寒冰炼狱之苦后重生的人，他们内力剧增、百毒不侵，甚至心性大变，成为另一个高版本的自己。就像村上春树说的，当你穿过了暴风雨，你早已不再是原来那个人。

我把这段深埋在心底的经历说出来，是希望如果有人感到黑暗，说不定还能从中看到光呢！如果你对抑郁症有什么偏见，我用自己多年的人生经历给你一个答案：抑郁症不是精神病，也不是不治之症；痛苦是真的，康复也是真的，我永远不想再踏入同一条河流。或许这就是生命给我的礼物，只不过太沉重。但所有发生在你身上的事，都是为了找回那个真正的自己。

最后，我希望整个社会能给这个群体更多的关爱。没有经历过就永远无法理解，但我们可以做的依然很多，如倾听、陪伴和爱，以及点赞转发这条视频让更多人看见。

好文案的标准包括短表达、口语化、精炼。写完初稿要反复修改。对于相近的观点，不要反复论证，一次只阐述一个观点。论证一个观点时，类似的案例不要重复出现，不必要的指示代词、因果关联词都可以删除。

我对脚本文案的字数建议如下。

① 短视频：300 字以内，时长 1 分钟内。

② 中视频：400 ~ 900 字，时长 1 ~ 3 分钟。

③ 长视频：1000 字以上，时长 3 ~ 5 分钟。

文案是写会的，不是学会的。借助以上模板刻意练习文案写作，你就会越来越得心应手。

7 个吸引人的开头

好的视频开头大多是直奔主题，不拐弯抹角，不过度铺垫，三言两语说明主旨。第一句话千万不要用来打招呼和介绍自己。还有很重要的一点：埋钩子，吸引用户继续往下看。例如，用"看完视频会收获什么、其中有什么看点"等吊足用户的胃口。

（1）提问题

在开头提问，可以让用户产生好奇心或引发共鸣。

● 如何做一个老板争着要的员工？

● 女人最好的状态是什么样子？

● 你会因为不懂拒绝而困扰吗？

（2）做对比

将结果、境遇、收入、年龄等差距很大的两个事物做对比，可以形成强烈的冲突，激发用户的好奇心。

● 年薪 10 万元和年薪 100 万元的人有什么不同？

● 从半年涨粉 1000 个到 3 个月涨粉 10 万个，我是做对了什么？

（3）给价值

直接向用户说明看完这条视频可以收获哪些好处。

● 过去 2 个月，我给 100 多人做过小红书账号诊断，总结了新手运营小红书最容易犯的 3 个错误。你千万别再走这些弯路，尤其是最后一点。先点赞收藏，免得找不到。

● 如果你看到这条视频，说明你想做或正在做小红书账号。下面我总结的 6 个隐藏功能可以让你更快做出成绩，你一定要看完。90% 做账号的人都不知道，先点赞收藏，一定用得着。

（4）亮金句

直接用金句开头，这个金句往往是内容的核心观点，要么让人觉得很有哲理，要么觉得反常识。

● 10 年之后，你是个人物还是废物，就看你现在的生活态度。最近，我看到一条观看量超过 10 万次的视频，振聋发聩！点赞收藏，不想努力的时候翻出来看一看，抄下来贴在床头，时时点醒自己。

● 一个人的懒惰里藏着低层次的认知。对正确的事懒惰，本质上是你对这件事的认知还不到位！

● 如果你觉得自律痛苦，那多半是你搞错了。实际上真正自律的人不但不觉得痛苦，反而比不自律的人更快乐，也更幸福。

这不是我胡说，而是有科学依据的。

（5）留悬念

开头就设置悬念，吸引人继续往下看。

● 天天都在用小红书，这些隐藏操作 90% 的人不知道……

● 抑郁的人还有明天吗？给你讲个故事……

● 洗碗机洗一次碗需要多少费用？我发现还没买洗碗机的人总是担心洗碗机费水费电，今天就来好好算算。

（6）讲故事

直接讲经历或故事，但故事需要够特别、够稀缺或够厉害。

● 我每天早上 4:45 起床写稿，坚持了 6 年……

● 100 天可以改变什么？足以改变你的一生。我曾用 100 天坚持锻炼，从怀孕时的 128 斤瘦到 92 斤，彻底摆脱肥胖；我曾用 100 天日更自媒体，从颗粒无收到月入 5 位数，把副业变成创业；我曾用 100 天早起读书写作，出了人生第一本书，成为朋友们口中的作家。

（7）描现状

描绘现状，让人有代入感，觉得博主说的就是自己。

● 你有压力特别大的时候吗？别人都劝你别那么大压力，但你却不想放弃要做的事，结果在压力的驱使下越来越乱，甚至什么都不想做。有的扣 "1"。

● 遇到困难，压力很大的时候，你首先想到的是不是退缩、放弃？但又不甘心前面的付出，而继续坚持又担心越付出越痛

苦。所以，焦虑、烦躁、情绪失控，甚至崩溃。这是很多人的
艰难时刻，也是我曾经历过的。

6个黄金结尾

（1）金句升华式

和开头使用金句一样，结尾更常使用金句，对内容主题进
行升华强调。

● 没有横空出世的运气，只有不为人知的努力。

● 我始终坚信，关关难过关关过，前路漫漫亦灿灿。所有
杀不死你的，终将让你变得更强大。

（2）总结互动式

结尾总结回顾要点＋引导互动，这种形式特别适合干货类
笔记。例如，"如何摆脱骨子里的自卑，让自信由内而外长出来"
这篇笔记的结尾就是采用总结互动式。

最后总结一下，你的自信来自你的观念＋你读过的书和走
过的路＋你干成的事。唯有三者结合，自信才能从你身上长出来，
并且厚重踏实。

很多人是从第三层开始的，或者仅仅停留在第二层或第
一层，要么没有支撑，容易崩塌，要么浮于表面，没有触及本
质。现在想通了吗？说了这么久，还不赶紧点赞收藏？我是厦
九九，一起成长、成事、成为自己！

在结尾互动时可以采用这些话术："你觉得呢？""你认

为呢？""你有什么想说的话，欢迎在评论区和我交流。"

（3）抒情励志式

结尾抒情、励志，能起到宽慰、治愈的效果。

要相信，哪怕是没有前途的行业、没有前途的职业，只要你足够喜欢，日复一日地精进，总能闯出一片天地。毕竟，再好的选择，也只是给了你一条最短的路径，前路漫漫，还需自己脚步不息、风雨兼程。

（4）呼吁行动式

呼吁行动，传递积极正能量，能感染大家和你一起行动。

希望你和我一起来打卡，一起见证 100 天之后全新的自己，用 100 天为 2022 年画上最美的句号。我是厦九九，关注我，一起早起成事，不见不散。

（5）激发感召式

结尾激发感召，激情昂扬，引发共鸣与认同，这种形式适合观点类的内容。

"有志者，事竟成，破釜沉舟，百二秦关终属楚；苦心人，天不负，卧薪尝胆，三千越甲可吞吴。"只要不放弃、不停步，所有人都能争得自己的光荣与梦想，所有为之努力的事情都会有美好的结果。

（6）美好祝愿式

结尾发出美好祝愿，一起共勉。

● 与其等到毕业，现实给你一记重拳，才后悔大学 4 年没

有好好过，不如趁早觉醒，过好这珍贵的仅有一次的 4 年。<u>愿我们无论什么年纪，都能主动生活，觉醒人生。</u>

● 别去追逐别人口中的所谓优秀、自律，而是努力自洽吧！自律的终极是自洽。内心自洽地活着，才是幸福的开始。<u>愿我们都能学会自洽，拥有健康、简单、快乐的生活。</u>我若自洽，你奈我何。

● 千古奇人鬼谷子有个三才理论，把人才分为三等：常才急于求成，良才大器晚成，高才浑然天成。<u>愿我们都能耐得住寂寞，扛得住时间的锤炼，成为大器晚成的良才。</u>

2.6.3 视频发布的技巧

（1）添加正文简介和话题

发布视频笔记与图文笔记的不同在于，点击屏幕正下方的"＋"，选择上传的是视频而不是图片。其编辑后台一模一样，都需要填写标题、正文文案，可添加话题和 @ 其他博主或品牌，可以关联商品或专栏、添加地点，也可以设置定时发布。

在发布视频时，虽然正文可以不必像图文那样把全文放上去，但也要提炼视频的主要内容作为简介，而不是完全不写内容。

正文开头设置有吸引力的文案，有助于拉长用户点开视频后的停留时间，提高完播率。和图文笔记一样，视频笔记的正文结尾同样要带上热门话题。

（2）视频可在电脑端网页版发布

如果视频的像素过大，用手机发布会被压缩，因而影响画质，甚至使画面变得模糊，就可以采取电脑端网页版发布。超过 1080P 的视频，我建议都用网页版上传，这样画质会更清晰。

电脑端登录小红书创作服务平台，如图 2-34 所示。

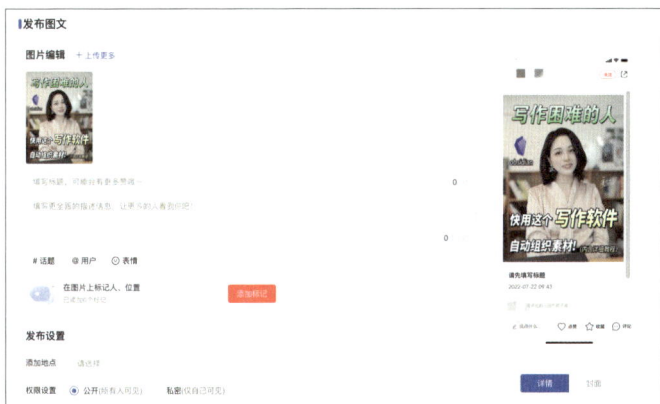

图 2-34　小红书创作服务平台后台

该平台可以直接上传视频，功能界面和手机端一样。

（3）开通视频号解锁封面自定义和 15 分钟长视频功能

小红书图文笔记的封面和标题是支持修改的，视频笔记的封面也支持修改，但前提是封面需要单独上传。未开通视频号的创作者无法单独上传封面。开通视频号需要具备以下条件。

① 小红书视频号申请标准

A. 站内作者

● 完成个人实名认证。

- 小红书粉丝量 ≥ 500 个。

- 发布过时长 1 分钟以上的视频笔记数量 ≥ 1 条。

- 遵守社区规范，无社区违规行为。

B. 站外作者

- B 站粉丝量 ≥ 5 万个。

- 西瓜视频或 YouTube 粉丝量 ≥ 10 万个。

- 抖音或快手或微博粉丝量 ≥ 50 万个。

满足上述任一平台的要求即可。

② 功能权益

A. 成为视频号后，即可享受视频流量扶持、支持 15 分钟视频发布、支持一键自定义视频封面、手机端支持合集功能。

B. 合集功能介绍：支持把同一个主题的多条视频整合在一起，创建一个同系列视频合集。功能位置：打开小红书 App，找到"创作中心"—"创作助手"—"创建合集"。

③ 申请流程

打开创作中心，找到"视频号成长计划"点击报名，填写资料并提交即可。

不论图文笔记，还是视频笔记，选题、封面标题和文案本身都是决定内容能否成为爆款的必要因素。哪一方面薄弱，创作者就加强哪一方面的练习。当每个环节都做到位了，爆款自然也就诞生了。

第 3 章

高效出片：一部手机就能制胜

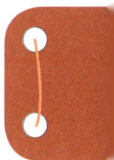

刚开始做视频时，很多人总会纠结：到底是用手机拍摄，还是买专业相机来拍？剪辑到底是用手机 App，还是用专业软件？在这些问题上，我也走过不少弯路。我的建议如下。如果你是个人博主，前期先不要买相机，直接用手机拍摄的效率更高，后期再根据需求决定是否购买相机；如果是你自己剪辑，前期用手机 App（如剪映）就够了，后期根据需要再用专业剪辑软件也不迟。如果是团队，对画质要求很高，剪辑复杂度高，无论拍摄还是剪辑，自然是用专业设备更好。本章主要讲述新手如何快速上手拍摄剪辑，实现高效出片。

3.1 手机高效拍摄技法

在做小红书博主的初期，我经常羡慕别人的视频具有清晰的画面、大片的质感、模糊的景深，就迫不及待地买了一台相机，结果拍出来的效果还不如手机。这是怎么回事呢？我做了一个对比，如表 3-1 所示。

表 3-1 相机与手机拍摄的优缺点对比

	相机	手机
优点	（1）清晰度高、画质好 （2）人物清晰，景深效果佳 （3）准确、快速自动对焦，不虚焦 （4）光线变化自然、稳定画质 （5）色彩解析力、宽容度高，光线不佳时挽回空间大 （6）能体现拍摄者的专业性	（1）清晰度足够 （2）无须额外购买，节省费用 （3）自带美颜功能，或第三方相机能实现美颜功能 （4）便携度高，随手拍摄 （5）上手简单，无须额外学习 （6）续航能力高，随充随用

续表

	相机	手机
缺点	（1）需要单独购买，价格较高 （2）绝大部分无美颜功能 （3）便携度不如手机 （4）新手上手难度大 （5）续航能力差，过热无法拍摄	（1）对焦较慢 （2）画质不如相机 （3）景深效果较差 （4）专业性不足

我先后买过几款相机，都不太符合预期。市面上自带美颜功能的 Vlog 相机与具有美颜、滤镜功能的手机相比还是略差一些，景深效果也一般。如果使用专业的单反相机，没有美颜、滤镜功能，操作复杂，后期也会有较大的工作量。

因此，我的建议是新手在初期用一部手机拍摄和剪辑就足够了，等后期技术熟练了再考虑购买专业设备；购买前要想清楚自己的最大需求，并且去实体店体验实拍，看拍摄效果是否符合预期。

3.1.1　掌握手机参数设置，拍出高清大片

同样是用手机拍摄，为什么别人拍的照片或视频都高清、有质感，而自己拍出来的就画质模糊？原因可能在于手机参数的设置有差别。

用手机拍摄时，我建议选择 1080P 的分辨率即可。2K 或 4K 画面虽然更清晰，但所占空间大，后期处理时间长。

帧速率选择 60FPS，有些手机前置摄像头只支持 30FPS 的除外。无论口播视频还是 Vlog 视频，都可以选择 60FPS 甚至更

高，以保证画面的流畅性。

如果不是用手机的原相机拍摄，而是选择第三方相机软件拍摄，就需要打开软件设置中的高清拍摄，确保高清晰度。对于新手，我推荐使用美颜相机或轻颜相机，所拍视频的分辨率应达到 1080P，符合参数要求。

以美颜相机为例，具体设置如图 3-1 所示。

提词器是博主拍摄视频不可缺少的效率工具，我经常使用"轻

图 3-1　美颜相机的设置

抖"App，内含"悬浮提词器"功能。复制粘贴文案后，点击悬浮提词，再打开美颜相机的自拍模式，博主即可看着提词录视频，把更多精力放在表现上，而不是背诵文案。

3.1.2　日常拍摄的景别与构图

什么是景别、构图呢？通俗地说，景别就是镜头与被摄物体之间的距离关系。镜头与被摄物体保持不同的距离，物体所占画面就会大小各异，表达的氛围、内容、人物关系也不同。构图则是确认距离后调整被拍摄物体在画面中的位置，从而形成视觉上的美感。

（1）景别

景别主要包括远景、全景、中景、近景、特写。下面以拍摄人物为例进行讲解，物体同理。

远景是指人物处在小于画面的二分之一处，一般用于营造磅礴的气势、氛围，介绍地理环境、自然风貌、都市环境，表现人物与环境的自然反差等，如图 3-2 所示。

图 3-2　远景示例

全景用于表现人物的全貌，以及人物与环境的关系等，如图 3-3 所示。

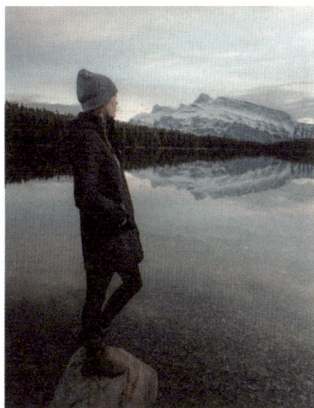

图 3-3　全景示例

中景一般指拍摄人物膝盖以上的画面，重点表现人物的上半身动作或展现人物之间的关系，在采访、口播镜头中使用较多，如图 3-4 所示。

图 3-4　中景示例

近景一般指拍摄人物胸部以上的画面，表现人物的性格、面部表情、神态，比全景、中景画面能更进一步展现人物的情绪，如图 3-5 所示。

图 3-5　近景示例

特写一般指着重拍摄人物面部、局部的画面，表现人物大喜、大悲的情绪，或者突出描写重要细节，如图 3-6 所示。

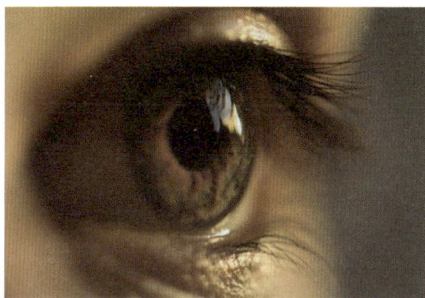

图 3-6　特写示例

拍摄视频或 Vlog 时，穿插不同的景别，可以营造丰富的画面感和故事性。

（2）构图

常见的构图方式包括横平竖直构图、居中构图、对称构图、三分法构图、对角线构图、框式构图、螺旋构图、引导线构图、重复式构图、纵深构图等。

横平竖直构图是基础的构图方式，只要水平放置摄像机进行拍摄即可，如图 3-7 所示。

图 3-7　横平竖直构图示例

居中构图是将被拍摄物体放在画面水平或垂直的中央，这样能够很好地突出被拍摄物体，如图3-8所示。

图3-8　居中构图示例

对称构图通常会利用水平的倒影或物体自身的对称性进行拍摄，这样能够营造被拍摄物体的美感，如图3-9所示。

图3-9　对称构图示例

三分法构图是将画面横向、纵向各平均分成三份，然后将被拍摄物体放在线条交叉点上，这样拍摄的照片更有意境，如图3-10所示。

图3-10　三分法构图示例

对角线构图是将物体放在对角线方向上，由此可以营造出更强的动感，提升照片的穿透性，如图3-11所示。

图 3-11　对角线构图示例

圆框构图是将被拍摄物体用圆形或方形框起来，这样观看者的视线会被这个框聚拢，能更加突出被拍摄物体，如图 3-12 所示。

引导线构图是根据被拍摄物体存在的线条、边缘等，镜头从线条方向进行延伸，能够引导观看者的视线，如图 3-13 所示。

图 3-12　圆框构图示例

图 3-13　引导线构图示例

重复式构图是将物体上重复的元素进行呈现，引导观众的注意力，带来更强的视觉冲击，如图 3-14 所示。

纵深构图是通过近景、中景、远景的对比，体现物体的纵深、广阔感，如图 3-15 所示。

图 3-14　重复式构图示例　　　图 3-15　纵深构图示例

构图没有固定的形式，而且一张图片或一段视频往往包含多种构图，创作者要根据被拍摄物体、环境、想表达的内容来呈现，不必拘泥于其中一种。

3.1.3　如何高效拍摄

最初习惯了写文章，要转型拍视频，我是非常抗拒的，因为自己面对镜头时很不自然，表现力太差。后来，我用了各种方法去调试，加上拍摄得越多，表现就越来越自然，拍摄效率也越来越高。那么，如何缓解面对镜头的紧张感和不自然，快速提升表现力呢？

新手刚开始拍摄时可以试试以下方法。

① 反复熟悉稿件，减少卡壳，读顺了之后表现就会更加自

然和从容。

② 录制前开开嗓子，喝点水，润润喉，调整状态，放松自己。

③ 站着容易手足无措，可以坐下来，在腿部放上书籍或抱枕，让自己减少紧张感。

④ 照着镜子练习几遍，对自己的表现情况有大概的了解；录完后也可以仔细观看视频，找出问题和需要优化的地方，针对性地进行练习。

⑤ 如果非常紧张，可以考虑侧机位拍摄，不用直接对视镜头，而是对着熟悉的人说话，这样可以大大减少紧张感。

⑥ 把镜头当作朋友、闺蜜，想象你在跟他们聊天，让自己放松下来，自然地说话。

⑦ 要对自己自信，对自己的内容自信，这一点会直接影响你的气场和状态。

解决了面对镜头的问题，又该如何提高视频拍摄的效率呢？

我通常是批量写好文案，集中安排时间一次性拍完很多条视频；为了提升人物和画面的多样性，可拍 1 ~ 3 条后换套衣服，在服道化上做出差异化；拍摄前要检查收音是否到位，布景画面和灯光是否妥当；拍摄完成后要及时审片，确认视频是否正常、人物神态及画面等是否符合预期，避免重复返工；在平时的工作、生活中多积累素材，如高光时刻、获奖瞬间等；旅游、出差时也可拍摄风景、人文环境，为制作视频积累素材；口播视频的封面要单独拍摄，一次可拍摄多张不同服装造型的照片。

3.2 精简光线运用，告别"死亡"打光

在拍摄初期，不少新手对打光设备、布光方式都一窍不通，经常直接打开房间灯就开始拍摄，结果发现拍出来的人物特别暗，整个光线也非常"死亡"，完全不能看。掌握了一点技术的创作者会用环形灯、柔光箱进行补光，但总也拍不出那种通透、白净的画面。这是什么原因呢？因为他们不会选择合适的补光设备，并且缺乏布光技巧。

本节从打光设备、打光技巧等方面手把手教你学会打光并利用光线，告别"死亡"打光，拍出清晰、明亮的画面。

3.2.1 打光设备用这些就够了

布光要像拍摄电影那样准备各种灯具吗？其实不用，一般一两盏补光灯即可。对于落地拍摄[1]的创作者，我分享以下几款打光设备。

如果拍摄空间充足，可购买带柔光箱的补光灯，如图 3-16 所示。

如果拍摄空间不足，可选择圆饼补

图 3-16　带柔光箱的补光灯

1　落地拍摄是指拍摄设备、补光灯等需要放在地面上，这需要拍摄设备、补光灯的支架有足够的高度。

光灯或方形补光灯，如图 3-17 和图 3-18 所示。这种补光灯的
灯珠足够多，照射面积较大，创作者可根据需要调整灯光的亮度。

图 3-17　圆饼补光灯

图 3-18　方形补光灯

桌面拍摄可使用桌面补光灯，如图 3-19 所示，或者用台
灯打光。

图 3-19　桌面补光灯

3.2.2　布景原则与万能打光技巧

开拍前该如何搭建合适的拍摄场景呢？其实，搭建场景并
不复杂。以人物口播为例，选择在家里或办公室的干净角落，

打开前置摄像头，将人物放在画面中合适的位置，观察两侧的剩余空间，放置合适的花束、图书、小花瓶、台灯、绿植。如果背景空旷，可以放置壁画、海报等。

口播的场景参考如图 3-20 所示。

图 3-20　口播的场景示例

关于打光方式，我采用的是三点式布光，即主光 + 辅光 + 轮廓光。

主光是指最亮的那盏灯，一般打在人物的左侧或右侧 45° 角，如图 3-21 所示。

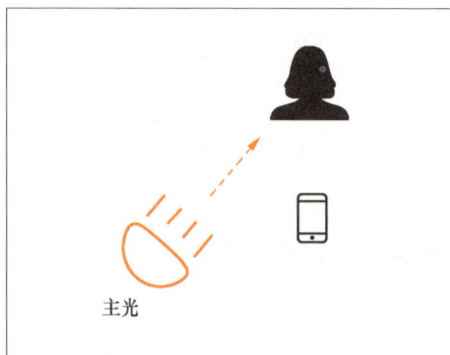

图 3-21　主光示意图

在另一侧 45°角用一盏辅灯打出辅光，如图 3-22 所示。辅光不用特别亮，主要起到削减人物面部阴影的作用。

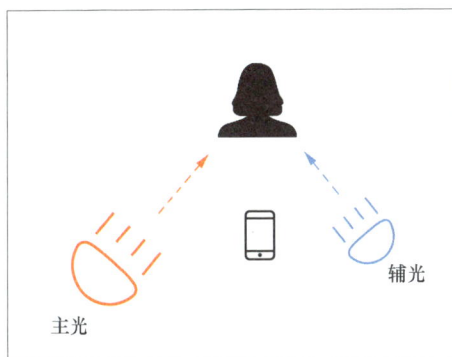

图 3-22　辅光示意图

在背后给人物头顶打出轮廓光，凸显发丝细节，避免一片死黑，如图 3-23 所示。

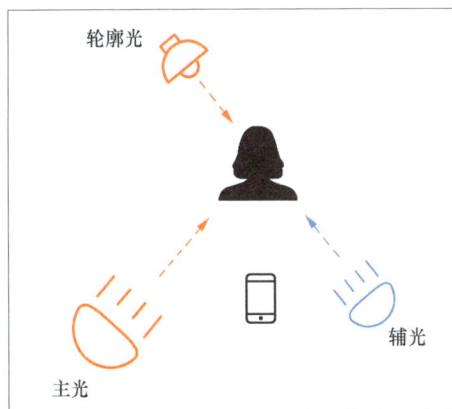

图 3-23　轮廓光示意图

如果觉得背景太暗，可给背景打上日落灯、氛围灯，以提升氛围感，如图 3-24 所示。

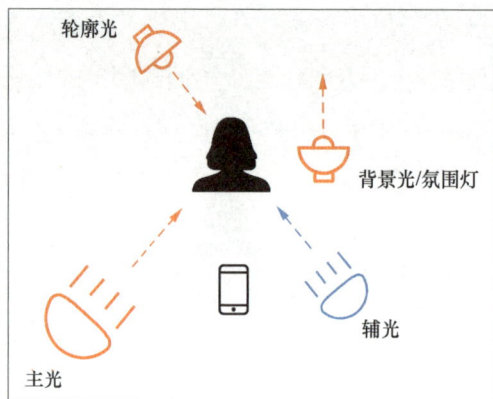

图 3-24　背景光示意图

3.2.3　拍摄机位和运镜手法

口播视频一般采用固定机位拍摄，人物可以正对镜头，也可以侧身面对镜头。侧身拍摄可以营造出采访的氛围，并且人物不用盯着镜头，适用于拍摄时紧张的博主。

如果只有自己一个人，博主可以采用前置摄像头拍摄。其好处是能够随时看到画面内容，便于调整，但比较考验前置摄像头的像素。前置拍摄时，提词器可采用"轻抖"等免费的提词软件，这样只需根据提词说出内容，而不需要死记硬背。如果有人协助，就可以采用后置摄像头拍摄，由专人把控画面的情况，进行调整。此时，需要额外购买提词器等硬件设备。

Vlog 视频可以使用固定机位或移动机位拍摄。固定机位的好处在于稳定，不需要运镜技巧，学习门槛低。所以，新手博主在刚开始可以先使用固定机位拍摄 Vlog。使用移动机位拍摄时，可以借助稳定器（云台），让画面更稳定，运镜更流畅。

移动机位的运镜手法主要有推、拉、摇、移、跟、甩等。推是指镜头由远及近地拍摄，不断靠近被拍摄物体。拉则相反，是由局部到全景、由近及远的拍摄手法，不断远离被拍摄物体，这在电影、电视剧结尾中经常用到。摇是将摄像机固定在某个位置，镜头左右、上下摇动。例如，大多手机自带的全景照片拍摄方式就是站在固定位置，从左向右移动手机。移是沿着某一水平方向进行移动拍摄，此时镜头极易晃动，建议添加稳定器。跟是摄像机始终跟随被拍摄物体移动进行拍摄。甩是在一个画面要结束时快速移动镜头至另一方向，这种方式多用于转场，一般会衔接下一个甩动镜头的画面，形成动作上的一致，实现快速切换画面的效果。

3.2.4　利用自然光瞬间提升画质

在光源上，优先选择室外自然光，因为自然光是最均匀、明亮的光线，其次是室外自然光加补光，最后是室内光线加补光。

拍摄时间尽量选择在白天光线充足时，一般为上午 7:00—10:00、下午 4:00—6:00。此时，光会斜射到物体上，侧面的光能让物体或人物面部变得更立体。利用这段时间的光源拍摄照片、视频，效果都不错，但要注意避免背光拍摄。

中午时段不宜拍摄。此时，光线位于头顶，如果拍摄人物，刘海、鼻子、脖子下方都会出现明显的阴影，影响人物形象，这就是通常说的"死亡"打光。

室外拍摄时，因补光灯不便携带，可带上反光板，将光线反射至阴影一侧，提高人物阴影处的亮度。

3.3　高效剪辑思维与流程

新手博主如何快速学会剪辑？如何在最短时间内高效出片？本节对这些问题进行解析，帮助新手博主学会选择合适的剪辑软件、掌握剪辑思维和剪辑流程，并通过实操学习，轻松、快捷地剪辑出好作品。

3.3.1　如何选择剪辑软件

电脑端常用的剪辑软件有 Premiere（PR）、FinalCutPro（FCP）、达芬奇、会声会影、剪映等，主流是 PR 和 FCP，但 FCP 只能在苹果电脑上使用。达芬奇虽有剪辑功能，但更多用于调色。有剪辑技术基础的人员可用 PR、FCP。对于新手，我建议使用手机剪辑 App 剪映即可。

剪映的优势在于操作简单、易上手，功能界面不复杂，对新手友好；而且内置了各种特效、滤镜、素材库等，用户可以一键套用。它的云端功能可共享草稿，用户登录同一账号，可在电脑、手机、平板上随时剪辑，是一款高效的视频剪辑工具。

特别说明：本节以下剪辑操作均基于剪映完成。

3.3.2 剪辑思维与视频剪辑流程

剪辑思维主要包含两方面：主线思维和高效思维。

（1）主线思维

剪辑视频时可能会出现这种情况：文案、配音都确定了，却发现画面素材不够，需要补拍。这个问题很麻烦，其关键在于是用画面匹配声音，还是用声音匹配画面？因此，对于不同类型的视频，我们需要确定它的主线是什么。

口播视频的主线是画面和声音。在去掉口误、重复语句和气口后，视频主线便呈现出来了，然后可添加相关素材、配乐，最后加字幕，如图 3-25 所示。

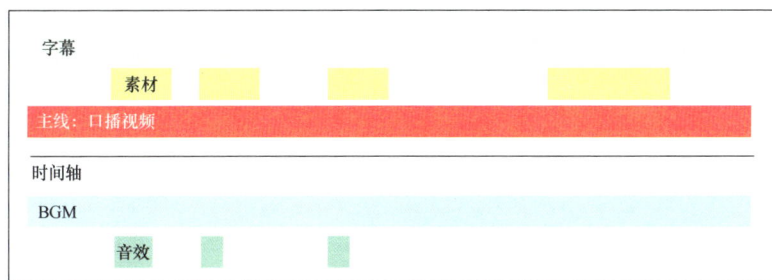

图 3-25 口播视频的主线示意图

Vlog 视频的主线是配音或字幕，去除配音中的重复语句和气口后，可根据配音添加对应的画面，再加配乐、音效、字幕等，如图 3-26 所示。如果是没有配音的 Vlog 视频，可选择合适的背景音乐，结合音乐的情绪起伏来添加适宜的画面。

图 3-26　Vlog 视频的主线示意图

　　卡点、混剪视频的主线是背景音乐，如图 3-27 所示。因为音乐之间的卡点节奏不同，而画面又是根据音乐的卡点节奏匹配，所以背景音乐是非常重要的主线。

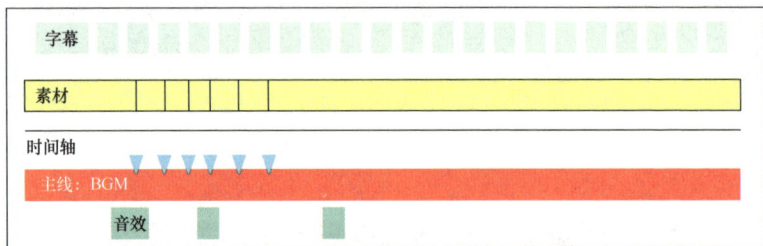

图 3-27　卡点、混剪视频的主线示意图

　　只有掌握不同类型视频的主线，我们在剪辑视频时才能思路更清晰，并且能提高效率。

　　（2）高效思维

　　通过提升剪辑熟练度、优化剪辑顺序、利用高效剪辑工具、分类整理素材等方式可以缩短剪辑时间，提高效率。新手在剪辑视频时总会因为不熟练、没有掌握方法而花费大量的时间，这是很多博主持续创作的重大障碍。下面我从拍摄、素材、剪辑三个方面进行梳理，帮你找出更高效的创作方法，建立高效思维。

拍摄时，场景搭建、灯光调试好后尽量不移动，这样能节省再次布景、打光的时间，下次拍摄时直接就位即可。兼职博主可在周一至周五写文案，周末寻找光线明亮的时间一次性拍摄多条，这样可以提高拍摄效率。

拍摄后，要及时对素材分类整理。我每次外拍回来都会对素材进行整理和分类，如读书、工作、人物、风景等，对于在网络上找的图片、视频也会及时归类，形成素材库，这样剪辑时寻找和添加素材就会很方便。

要想提升剪辑的效率，关键是提升剪辑熟练度和优化剪辑顺序。熟练度是越剪越高的。当熟练度达到瓶颈期时，想再提升速度，就要优化剪辑顺序了。

剪辑顺序的优化主要从画面、声音、效果、字幕、音效着手。

画面上，尽量在前期拍摄时就保证人物的位置、布光、构图、色调，让它们符合成片的效果，这样可以节省很多后期处理的时间。虽然这是理想状态，但思路就是把前期工作做到位，减少后期工作量。

声音也一样，录音尽量选择安静的环境，减少噪声进入。如果出现杂音或说错台词，就要及时重录。这样剪辑时可以把说错的一句剪掉，避免在某句话里单独抠错字。

各类效果、字幕、音效的优化方式比较一致，主要是记录参数、添加收藏，方便下次制作时查找使用。例如，我曾经使用的视频字幕参数如下。

① 字体：俪金黑。

② 文字缩放：100%。

③ 字体位置：X：0；Y：−739。

④ 字体样式：第 1 个预设，白体黑边。

⑤ 描边：20。

⑥ 无边框，无阴影。

3.3.3 剪辑实操

（1）口播视频剪辑

常规的口播视频剪辑流程主要有以下步骤。

① 画面调色、声音降噪。

② 调整画面比例。

③ 剪辑口播画面。

④ 添加画面素材。

⑤ 添加转场、音效等特效。

⑥ 添加背景音乐。

⑦ 添加字幕。

⑧ 导出视频、审片。

（2）Vlog 视频剪辑

对于 Vlog 视频，博主一般会根据文案编写脚本。脚本包括镜号、景别、机位、画面、音效、时长、文案及备注等（类目不固定，可增减）。根据脚本，博主可以知道每一句文案对应的画面是什么、应该怎样拍摄、选择什么景别与机位、需要添加什么音效等。这将让个人与团队更快地理清思路，避免拍摄或剪辑时浪费时间。因此，提前编写脚本能大大提升拍摄剪辑的效率。脚本范例如表 3-2 所示。

表 3-2　脚本范例

镜号	景别	机位	画面	音效	时长（s）	文案
1	无	无	黑幕	打字机	3	自媒体人的一天
2	中景	固定机位—面对床	在床上盖着被子睡觉（显示时间5:45）	闹钟声	2	5:45，闹钟一响，秒弹起床（起床、关闹钟、洗漱）
3	中景	固定机位—面对床	听到闹钟，看一眼手环，然后起床		2	
4	特写	固定机位—侧对床	掀开被子	掀被子	0.5	
5	中景	固定机位—侧对床	下床		0.5	
6	特写	固定机位—侧对床	穿拖鞋		0.5	
7	特写	运动机位—跟拍	起床开门（准备去洗漱）	开门声	2	
8	特写	固定机位	拿牙刷		0.5	
9	特写	固定机位	挤牙膏		0.5	
10	中景	固定机位—正面拍	开始刷牙（正面）	刷牙的声音	1	

镜号	景别	机位	画面	音效	时长（s）	文案
11	中景	固定机位—侧面拍	开始刷牙（侧面）		1	5:45，闹钟一响，秒弹起床（起床、关闹钟、洗漱）
12	特写	固定机位—侧面拍	戴发箍、涂洗面奶		2	
13	特写	固定机位—侧面拍	清水洗脸		2	
14	中景	固定机位—在人物斜后方拍摄	走到书房打开电脑（显示时间6:00）	鼠标声	2	6:00 开始写作，这段时间在写书，平时写文章、写视频脚本文案
15	中景	固定机位—在人物后方拍摄	开始写作，人物开始打字		2	
16	特写	固定机位—在人物前方拍摄	继续写作，拍摄打字特写		2	
17	中景	固定机位—在人物侧方拍照	手指打字+喝水		3	
18	中景	运动机位—侧面拍	去书柜拿书		2	7:30 休息一下，看一会儿书
19	中景	固定机位—正面拍	坐在沙发上看书	翻书声	3	

　　从上述视频脚本中可以看到场景主要在卧室、洗手间、书房，因此拍摄时只需根据时间顺序在这三个地点拍摄对应的画面即可，非常清晰明了。而且，因为提前构思了画面，所以拍摄时很清楚机位要怎么摆、人物需要怎么移动、对话有哪些。实际拍摄时，我们根据脚本按计划行动，很快就能完成拍摄。

剪辑时只需要对每个画面进行命名，去掉头尾多余的画面，保留精华部分。逻辑非常清晰，剪辑速度也很快，这条视频约 1 个小时就完成了。

下面以剪映 App 为例，学习基础的剪辑操作。学会这套操作，做博主日常所需的剪辑技能就基本掌握了。

（1）去水印

小红书出现其他平台的水印会影响笔记推荐，而剪映在结尾处会自动添加水印，因此需要关闭添加水印按钮。具体路径是点剪映右上角"设置"，关闭"自动添加片尾"按钮，视频结尾就不会出现剪映的水印了，如图 3-28 所示。

图 3-28　去水印的操作路径

（2）导入素材

打开剪映，点击"开始创作"导入素材，可添加视频或照片；选中需要添加的素材，点击"添加"即可。素材库中内置了当下流行的各种素材，如搞笑片段、视频片段、空镜头、黑白场等，用户可根据需求添加。具体操作路径如图 3-29 所示。

图 3-29　导入素材的操作路径

（3）调整比例

如果想把视频从竖版 9:16 调成横版 16:9，可以点击"比例"按钮，然后点击"16:9"即可。要是找不到"比例"按钮，点菜单栏最左侧的返回按钮，回到一级菜单即可。具体操作路径如图 3-30 所示。

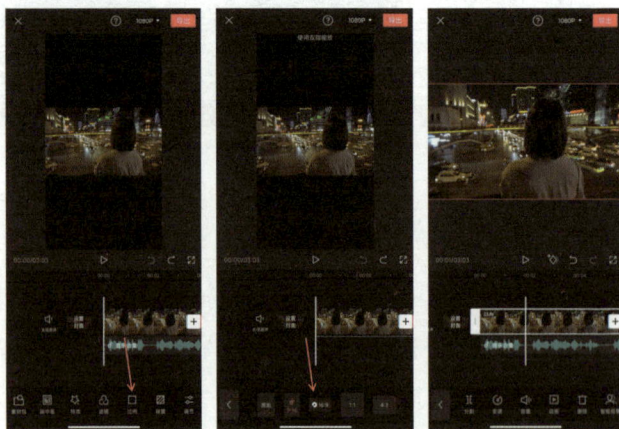

图 3-30　调整比例的操作路径

（4）去除多余画面

如果想去掉开头或结尾的多余画面，可以通过"分割"按钮来实现。选中画面后，滑动白色时间线到合适的位置，点击"分割"即可将这段视频分割出来，再点击"删除"即可。具体操作路径如图 3-31 所示。

图 3-31　去除开头或结尾多余画面的操作路径

如果需要去掉的画面不在开头、结尾，而是在中间，则先前后分割，再选中画面，点击"删除"即可。还有一种去除画面的方法是直接拖动画面左右边框，即可缩短画面，如图 3-32 所示。

图 3-32　去除视频中间多余画面的操作路径

（5）放大缩小画面

当画面四周出现黑边时，可以在屏幕上双指向外拖动放大画面，使画面填充整个画幅，让视频看起来一致性更强。具体操作如图3-33所示。

（6）拉伸时间轴

我们在需要对视频进

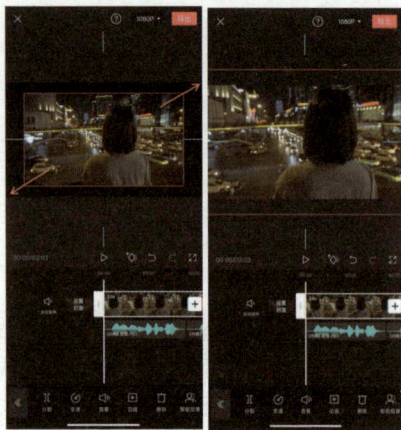

图3-33　缩放画面的操作方法

行更加精细化的处理时，可以拉长每段视频素材的时间轴。当时间轴被拉到最长时，可以一帧一帧地处理视频，适用于卡点视频或对视频的各段素材衔接进行精细化操作。拉伸时间轴的方式是双指向外滑动，缩短时间轴就是用双指向内滑动，如图3-34所示。

图3-34　拉伸时间轴的操作方法

（7）导出参数

导出视频时，分辨率选 1080P，帧率
选 30FPS 或 60FPS 均可，如图 3-35 所示。

导出分辨率为什么不选 2K 或 4K？
因为在拍摄时选择的是 1080P，而不是
2K 或 4K，导出的视频也不可能是 2K 或
4K 的分辨率。帧率也是如此。

（8）录音功能

剪映有自带的录音功能，它的好处是
可以直接识别字幕，而其他外部导入的录

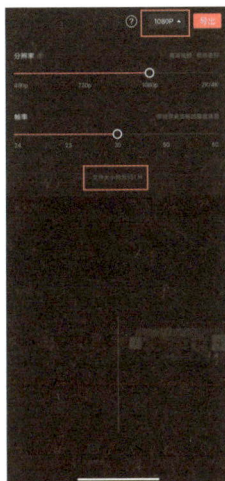

图 3-35　导出参数
设置

音在手机端无法直接识别字幕。具体路径是点击"音频"—"录
音"，按住即可录音，如图 3-36 所示。我建议一段一段地录，
有口误时可以直接删除，然后重新录制。

图 3-36　录音的操作路径

（9）识别字幕

使用录音识别字幕时，仅需要点"文字"—"识别字幕"，再点击"仅录音"即可，如图 3-37 所示。

图 3-37　使用录音识别字幕的操作路径

识别字幕时，系统能判断视频自带的声音，但无法识别导入的配音。解决办法是先把整条视频导出，让导入的配音变成视频自带的声音后再导入一次剪映，这样系统就能识别出字幕。具体操作路径如图 3-38 所示。

图 3-38　使用配音识别字幕的操作路径

（10）添加背景音乐

音乐是调动观众情绪最有力的武器。好的配乐能够将视频提升到新的层次，让观众获得沉浸式的观看体验。因此，我建议视频都要添加背景音乐。

不过，视频中不用一首音乐从头放到尾，用户可以根据视频文案表达的情绪选择合适的音乐。如果是口播视频，我建议使用纯音乐，避免影响人声。在重要的语句或场景中，可以只保留人声，不放音乐，以此来突出台词。具体用法视情况而定，不必受限。具体路径是点击"音乐"—"音频"，根据系统推荐、分类选择合适的音乐，或者在搜索框输入歌曲名，点击"使用"即可，如图 3-39 所示。

图 3-39　添加背景音乐的操作路径

（11）添加音效

音效一般包括环境音和提示音。环境音有喝水、倒水、虫鸣、开门、打嗝、碰撞、爆炸等，提示音有强调、提醒、告别、开场、烘托等，用户可根据需求、分类选择。具体操作路径是点击"音频"—"音效"，或在搜索框输入想要的音效名称，如图 3-40 所示。

图 3-40　添加音效的操作路径

学会高效拍摄剪辑，就除掉了视频制作之路上的一只"拦路虎"。很多人一想到要做视频，就觉得拍摄剪辑很难，实际上花半天时间学习，就能掌握基本的操作技巧。拥有高效思维，勤加练习，越熟练越高效。

第 4 章

精细运营：促进小红书账号

快速成长

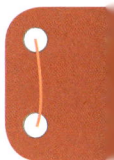

要想运营好小红书账号，除了要有清晰的人设定位、完整的账号设置、优质的内容，还需要精细化的运营策略。本章将围绕快速涨粉攻略、账号运营规划、数据分析与运营提升三个方面向新手博主分享如何通过精细化运营促进小红书账号快速成长。

4.1 快速涨粉攻略

新手最关心的除了变现、提升流量，应该就是涨粉。所以，我把涨粉攻略放到本节的最前面来讲。新手做账号，往往急于追求涨粉。但是，盲目追求涨粉很可能会走弯路，甚至忘记了涨粉的根本目的。本节将从涨粉的误区及涨粉的逻辑两个方面讲述如何正确、高效地涨粉。

4.1.1 认识涨粉的三大误区

说到涨粉，我们首先应想清楚为何要涨粉、要吸引什么样的粉丝、涨粉后要实现哪些目标，这往往与变现有关。毕竟，涨粉只是过程和手段，最终要达成的目标才是关键。有人想通过涨粉实现更高的广告报价，有人想涨粉是为了将线上获客转化到私域变现，还有人涨粉是为了获得更大的影响力。总之，不同的目标对涨粉的需求是不同的。

我总结了在涨粉上最常见的三个误区，具体说明如下。

（1）涨粉慢：用户的价值感低，获得感弱

涨粉慢与很多因素有关，包括人设定位、内容质量、更新频率、运营技巧等。其中最核心的因素是内容质量。如果笔记的内容不够优质，哪怕日更一年也不如几篇爆款笔记能实现的涨粉多。例如，我的学员"琳达爱珠宝Linda"在训练营期间靠4篇内容优质的笔记就增长了7000多个粉丝。

一般来说，有专业价值、实用价值的笔记内容最容易涨粉。而观点类、情感类、金句类的笔记内容虽然能引起共鸣，被很多人点赞，但往往不会被太多人关注。因为这些笔记内容虽然提供了情绪价值，但其中蕴含的实用价值和获得感还不够。特别是当用户打开你的主页时，如果发现笔记内容很杂乱，也没有展现专业素养，那么用户关注你的概率就更低了。

总体而言，笔记的互动量不错，但引起关注的人数少，主要有两方面的原因：第一，笔记有信息价值，但博主的人设不突出，没有鲜活地体现个人特征，不能激发用户关注博主的兴趣；第二，笔记标题和正文内容没有突出与博主个人及新笔记的关联，不能引导用户到主页查看其他笔记。

那么，如何解决这种问题呢？方法就是笔记要结合博主的自身经历及人设来展开，做系列内容，预告下一篇笔记，或者这篇笔记提到过去的某篇笔记。

（2）有爆款也不涨粉：有价值，没人设

要想快速涨粉，就要多出爆款。爆款是涨粉的最直接因素，但不是所有爆款都一定能达到涨粉的目的。你一定见过这样的爆款：点进主页，发现账号的粉丝数量并不多；再翻看这个账号的其他笔记，点赞、收藏及评论的数量都很一般，只有这一篇或几篇笔记很火爆；即使有这几篇火爆的笔记，也没给该账号增加多少粉丝。

那么，怎样判断账号的爆款是否能带来涨粉呢？这还要看账号的"赞粉比"。

$$赞粉比 = 主页的获赞与收藏数量 / 粉丝数量$$

例如，我的小红书账号"厦九九"的粉丝数量是 26.7 万，获赞与收藏数量是 94.5 万（见图 4-1），那么，赞粉比 =94.5万 /26.7 万 ≈ 3.54。

图 4-1　小红书账号"厦九九"的主页数据[1]

1　说明：因个人的小红书页面截图于不同时期，所以粉丝数量、获赞与收藏数量会发生变化。

　　如果你的赞粉比低于 10，说明用户觉得你的内容好，很愿意关注你。如果你的赞粉比高于 10，说明用户觉得你的内容好，值得点赞收藏，但不愿意关注你。

　　为什么内容火却不涨粉呢？如果你仔细观察，就会发现这些账号要么领域不垂直，没有持续提供专业价值；要么没有人设，多数人不知道博主是怎样的人，主页上的简介也没有给用户一个关注的理由。

　　总而言之，这类不涨粉的账号多半是没有定位和人设，把自己做成了一个面目模糊的工具人。大家可能对某篇爆款笔记感兴趣，但对博主不感兴趣。也就是说，笔记内容满足了用户获取信息的需求，但没有激起用户对博主的兴趣，所以用户才会只点赞但不关注。

　　例如，有些账号心血来潮，蹭了某个热点，或者讲一些名人的故事。这样的笔记确实比较容易火，但涨粉数量不会太理想。因为用户是奔着热点和名人来的，和博主本身的关系不大，自然也不太会关注博主。即使用户对博主感兴趣，进入主页发现账号的定位、人设不清晰，内容混乱，大概率也不会关注。

　　还原一下我们平时看小红书的场景：在首页点开某篇笔记，看完后觉得不错，大概率会点击账号头像进入主页，看看简介，浏览其他笔记，感兴趣就继续看，不感兴趣就退出；如果连看几篇都觉得不错，账号有价值或有意思，就会选择关注，最后返回首页，继续看下一篇。

这些行为告诉我们，用户判断该账号是否值得关注，不是单靠某一篇爆款，而是由账号的整体质量和价值决定的。

（3）盲目追求涨粉却不变现

很多人只是盲目追求涨粉，却不知自己这个账号的定位及变现方式。看见别人做什么主题的内容火，他就跟风做什么主题的内容；看见别人做什么类型的账号涨粉数量多，他也跟着做这样的账号。他们花了很大的精力，终于使账号积累了几万个粉丝，结果发现自己根本不知道怎样变现。

大家肯定在小红书见过这类手写文案的账号，如图 4-2 所示。这类账号获得的点赞收藏和粉丝数量都挺高，但实际上很难变现。

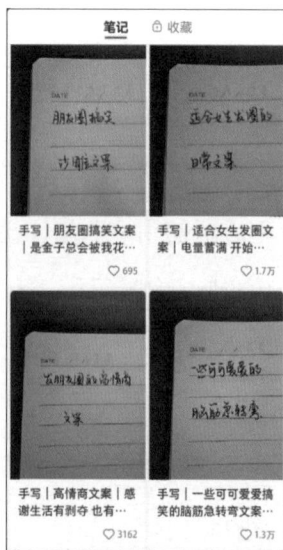

图 4-2 手写文案类小红书笔记示例

我在做一对一账号诊断咨询时处理过很多这样的案例。对方一上来就问："你看我这个账号该怎么变现？""我都做一年多了，还没变现，怎么办？"提出这些问题的人，一看就是没有对账号做出准确定位。

有一次，一位拥有上万粉丝的小红书博主来咨询。

我问他："你变现了吗？"

他说："一分钱都没有。"

我："那你当时做这个账号，就没想过未来怎样变现吗？"

他："没想过。"

我："那你为什么想做这样的账号呢？"

他："因为我看别人也这么做，粉丝还很多，有些有十几万到几十万。刚好，我写字也还行。"

我："那你知道他们变现了吗？怎样变现的？"

他："应该有吧，不知道。"

我："他们变现了多少？"

他："不知道。"

听到这里，想必你也很吃惊，但反观自己，是不是也经常这样做呢？

盲目地模仿别人，盲目地追求涨粉，很可能到头来是做了一场无用功。与其到时候纠结要不要继续做、困惑该怎样转型，不如一开始就明确自己的定位和变现路径，知道自己为何涨粉、需要涨什么样的粉、应该用哪些内容精准吸引粉丝关注。

如果你的变现模式不是以承接品牌广告为主，而是线上获客，靠知识付费或产品变现，那么粉丝数量不是你首要追求的目标，精准获客的数量才是你最应该关注的。

例如，我的学员"润心新美业种丹阳"，她在自己的小红书账号只有 200 多个粉丝时就靠一条专业内容吸引到了一位客户来咨询。2 分钟的电话沟通后，对方向她购买了 2 个咨询服务，直接变现了 9000 多元。经过系统学习，目前这位学员的小红书账号粉丝数量已经达到了 4000 多个。这种低粉丝、高收益的情况，在我辅导的学员中有很多。

以上就是关于涨粉的三大误区，大家可以对照自检，以便在运营账号时少走弯路。

4.1.2 掌握涨粉的底层逻辑

我们都知道，小红书账号要想快速涨粉，就要经常做出爆款内容，有爆款才能爆粉。理论上是这样，但事实上，爆款不一定能带来涨粉，优质爆款才能涨粉。所谓优质爆款，是指转粉率（观众转化成粉丝的比例）高的爆款。

哪些爆款的转粉率低？哪些爆款的转粉率高呢？我和大量学员经过实战验证后，发现以下几类爆款笔记的转化率很低。

第一，盲目蹭热点，与自身定位和人设不相关的内容。

热点和新闻事件自带热度和话题性，有很高的流量。但是，如果这些热点和新闻事件与博主自身的人设和经历缺乏关联，或关联度很低，那就不一定能为博主涨粉。例如，我曾做过一条关于孟晚舟回国的视频，在事件发生的当晚发布，发布后 1个小时内点赞数就过万了，如图 4-3 所示。

图 4-3　关于孟晚舟回国的视频

这条视频的最终累计阅读量约 77 万次、点赞数约 4.2 万个，实属大爆款，但实际只带来了 1000 多个粉丝。从文案中可以看出（感兴趣的读者可以从我的小红书中观看这条视频），我只是在讲述这个与我自身没有太大关系的热点事件，大家是为孟晚舟、为祖国点赞，而不是为我，所以关注我的人数很少就不难理解了。

另外，我还追过其他一些热点，如讲述奥运冠军全红婵的故事、观看《长津湖》后的感受等，涨粉效果都一般。

第二，纯干货集锦、信息收集类爆款，内容中不涉及博主的任何个人经历和人设，一看就是收集信息后整理加工的内容。这类爆款笔记的点赞数和收藏数都很高，但互动很少，涨粉也很少。

我曾经做过诊断的一个账号就属于这种情况。这个账号的点赞、收藏数量累计 7.7 万个，粉丝却不到 4000 个，赞粉比大于 19。一看内容全是收集整理的干货，如"适合独处做的 68 件小事""70 条精致女孩的微习惯清单"，博主本人的人设、故事、经历几乎没有展现。用户觉得有价值就点赞收藏了，但不觉得需要关注博主。因为用户对博主是怎样一个人一无所知，这种内容谁做都一样，看到了收藏就行，并不觉得有必要关注。

相反，如果是与自身人设和经历相关的爆款笔记，涨粉率就很高。例如，我的这篇题为"2021 年最后 3 个月，敢不敢用90 天彻底改变自己"的视频笔记，涨粉 20470 个，而点赞数与收藏数之和约为 2.6 万个（见图 4-4），相当于点赞和收藏这篇笔记的用户中有 81% 的人都关注了我，涨粉率很高。

图 4-4　单篇笔记数据分析

这篇爆款笔记之所以涨粉量大，一方面是因为笔记本身是大爆款，累计观看量达到了 45 万人次；另一方面是因为这是基于我个人成长经历的价值主张，我将自己取得的成果展示出来，并呼吁大家通过早起改变人生，同时指出了无法早起的原因并提供了解决方案（感兴趣的读者可以从我的小红书中观看这条视频），既让人知道我是一个怎样的人、我身上的品质，也给出了有价值的干货，因而涨粉率很高。博主可以记住一个涨粉公式：爆款 × 转粉率 = 涨粉量。

所以，涨粉的第一要义就是博主要输出融入自身人设和经历的优质爆款。这样的内容更容易赢得用户的喜爱与欣赏，进而关注账号。也就是说，爆款选题加上有价值和感染力的内容能大大增加笔记成为爆款的概率，而巧妙融入自身经历和人设的爆款才能拥有很高的涨粉率。

但是，只有这一点还不够。试想一下，我们平时是如何关注一个账号的？

在首页看到一篇吸引自己的笔记，我们点进去看了内容觉得不错，就点击头像去主页，先看简介，再看其他笔记……如果觉得这个账号的博主在某个方面能持续为自己提供价值，我们就会随手关注；如果发现看不出明显的特色和价值，内容杂乱无章，质量不稳定，我们也就不会关注了。

那么，反过来想，如果我们能从整体上提升账号的观感和价值感，就能有效增加涨粉数量。用户之所以点赞收藏一篇笔记，是因为觉得这篇笔记有用。而用户之所以关注一个账号，一定是因为觉得这个账号本身有价值，博主有闪光点。

所以，爆款笔记是前端吸引用户的流量入口，而最终决定用户是否关注的因素是账号的整体质量以及博主能否持续稳定地提供有价值的内容。

最后，有人设的账号比没有人设的账号更容易被关注，号设一体比号设割裂更容易被关注。

假如有两个账号，一个叫"穿搭小百科"，另一个叫"美学顾问锦瑟"，前者就是博主去时尚杂志或网站上复制一些穿搭知识，后者都是博主用心分享并亲自穿搭示范，你会更愿意关注哪个账号？我相信，绝大多数人都会更愿意关注后者。两个账号都提供了实用价值，但后者是有人设的，而且账号和人设一致会让用户觉得更有温度和信任感。

总而言之，快速涨粉的底层逻辑就是三句话：第一，创作有人设和有价值的优质爆款笔记，涨粉率会更高；第二，从外到内提升账号的整体质量和价值感，持续稳定地提供价值；第三，有人设且号设一体的账号比没有人设及号设割裂的账号更容易被关注。

4.2　账号运营规划

我经常帮助学员诊断账号，发现有些账号有定位、有人设，内容更新也很频繁，但就是不涨粉、不变现。了解后才知道，对方是把其他平台的内容直接同步发布到小红书，没有针对性地进行规划和运营，博主对小红书的各项权益和运营技巧也是一头雾水。

做小红书账号，运营规划和内容输出同样重要。本节将从内容规划与高效输出、账号权益及开通条件、内容发布与日常运营技巧 3 个方面系统讲解账号该如何运营规划。

4.2.1　内容规划与高效输出

小红书账号中的个人 IP 如何建立？答案就是要给人一致性、确定性的价值感。那么如何实现呢？博主需要思考账号到底能持续稳定地给用户分享哪些内容，提供什么价值。每一篇内容都应当围绕定位展开，并强化人设，否则你发布的就都是无效内容。这个过程本质上就是做内容规划。

（1）制定阶段性目标

长期运营账号，需要基于定位和人设规划内容，制定阶段性目标，如月度、季度、年度目标。有了明确的目标指导账号运营的日常工作，博主就可以将目标拆解落实到日常内容创作与运营工作上，如每周更新几篇、分别是什么主题、内容制作如何排期、发布后关注哪些指标等。

阶段性目标的制定通常有三个维度：第一是涨粉数量，第二是变现金额，第三是爆款数量。博主按月、季度、半年或一年给自己制定相应的目标，定期复盘总结，调整行动策略或目标，可以让账号更快成长起来。

在实现目标的过程中，找到对标账号作为目标去追赶，也是激发动力的一种方式。但是，经常有学员找错对标账号，一上来就向拥有百万粉丝的大博主看齐。距离目标太遥远，不但看不清目标，而且越对标越焦虑；不但没有起到激励的作用，而且打击了自己的信心。

找对标账号的正确方法就是尽量找粉丝数量是自己 3 ～ 5 倍的博主。例如，你的粉丝数量是 1 万个，那么你的对标账号可以是有几万个粉丝的，也就是对标账号的粉丝数量要和自己处于差不多的量级；同时还要满足一个条件，即你们运营账号的时间差不多，或者对方比你早 3 ～ 6 个月开始运营账号。因为平台变化很快，太久远的参考意义不大。而这种账号就是走在你前面不远，你能够看得见、摸得着，可以直接效仿学习的。

（2）规划账号的选题与内容

日常选题策划一般以周或月为单位提前进行策划和文案撰写，再进行拍摄剪辑。例如，我的账号"厦九九"就是以周为单位，每周做一次选题规划，围绕定位、人设持续为用户提供自媒体干货和个人成长的内容。

账号的内容规划可以系列化或模块化。通常在账号的内容更新一段时间后，你会发现某些主题的流量比较好，"小眼睛"的数量和赞藏评的数量也明显高于其他笔记，那就要敏锐地捕捉到是否可以延续这类主题。

我在孵化学员账号时，经常帮助学员寻找他们的流量密码。例如，"教书匠左左"在前期快速涨粉起号时就是抓住了系列主题"吃透语文书"，"肉肉妈咪"就是抓住了"宝宝辅食一锅蒸"的差异化主题，还有"95 后"龙凤胎辣妈"金汐儿"每次讲"龙凤胎生育经"就容易出爆款。

同时，博主要关注官方活动。在"创作中心"的"笔记灵感"中可以看到官方活动和本周热门话题，按领域分门别类划分。参与这些话题的创作，优质内容可以获得官方的流量扶持。

（3）设置更新频率

要想快速起号，最基本的措施就是日更。很多网红、大博主都是日更。但是，如果自己的时间精力有限，没办法做到日更，博主也可以选择一周三更，最低一周一更。内容的更新频率直接决定了账号的活跃度。我不建议一天更新多条，或者很多天也没更新一条。保持固定的更新频率和更新时间，有助于提高账号的活跃度和稳定性。

（4）高效输出工具

专业选手和业余选手做内容，最大的区别就是有没有流程化和工具化。专业选手做内容必备四库：选题库、素材库、文案库、视频和音乐素材库；需要使用的在线工具就是云文档或云笔记，如腾讯文档、石墨文档、印象笔记等。

① 选题库

平时将各种想到的、可参考借鉴的选题都放在命名为"选题库"的云文档中，随时随地更新。不知道要做什么内容和主题时，打开选题库去里面挑一挑、捡一捡，总能找到很多灵感和意想不到的组合选题，这样博主就会不缺选题。

② 素材库

在印象笔记新建一个笔记本，命名为"素材库"，将平时看到的名言金句、收集整理的只言片语、碎片化的感悟或思考、听到的故事或理论知识都放进去。这些素材和金句对博主创作内容会有很大的帮助，等积累到一定程度时博主还能产生选题灵感。

③ 文案库

我有一个实时在线、随时随地可以书写的文档，里面都是我当周需要完成的脚本文案。因为有时无法用大段时间一口气写完，或者写到某个地方卡壳了，我就会放一放，等待搜集更多资料、做更多思考后继续写。

④ 视频和音乐素材库

如果是视频博主，还要有视频和音乐素材库，平时注意积累和整理，方便调取使用，这样能大大提高后期制作的效率。

4.2.2　账号权益及开通条件

运营自媒体 6 年，我总结了一个看似慢、实则快的经验，让我在每一个深耕的自媒体平台都能赚到可观的收益。这个经验就是踏踏实实地研究平台到底提供了哪些权益和功能，按照路径一步步升级通关，开通所有权益，你就知道账号该怎样一步步做大、变现了。这也是运营账号最简单但被绝大多数人忽略的基本功。

我盘点了做小红书需要掌握的 11 个权益功能和运营工具，

具体说明如下。

（1）成长等级

当博主注册小红书账号后，小红书平台就会根据博主发布的笔记及其效果认定博主的成长等级。按照从低到高的顺序，小红书博主的成长等级分为尿布薯、奶瓶薯、困困薯、泡泡薯、甜筒薯、小马薯、文化薯、铜冠薯、银冠薯及金冠薯。

小红书博主可以在自己的主页"编辑资料"中查看账号的等级。目标肯定是要成为金冠薯——累计发布 18 篇参加话题活动的视频笔记均获得 10 个收藏或 50 个赞，或者累计发布过 800 篇图文笔记均获得 10 个收藏或 50 个赞。从这两个条件中可以看出，收藏的权重和含金量比点赞更高，而且视频的权重比图文高。同样是成为金冠薯，视频笔记只要 18 篇带话题活动的，图文笔记却要 800 篇。

（2）开通专业号

普通账号升级为专业号，可以拥有丰富的专业运营工具和商业服务工具。运营工具包括粉丝画像与商业数据分析。商业服务中有开通店铺功能，提供一站式开店和服务工具，站内完成交易闭环。开通专业号后不但有专业运营数据，还可以获得博主身份标识。

人人都可以开通专业号，这和粉丝数量没有关系。点击主页的齿轮按钮，点击"账号与安全"，点击"未升级专业号"，按照指引填写资料即可开通，如图 4-5 所示。由于我已升级专业号，所以图中显示的是"已升级"。

图 4-5　开通专业号的操作步骤

（3）开通视频号

开通视频号，可以获得小红书官方的流量扶持。我一直建议博主能做视频就做视频，要顺应趋势做内容。小红书博主的账号满足粉丝数量达到 500 个且至少发布过一篇 1 分钟以上的视频笔记，就可以申请开通视频号。

如果博主是做视频内容，就一定要开通视频号。因为开通视频号之后，视频号博主可以享受平台的流量扶持，并且可以拥有以下特殊功能权限。

第一，开通视频号后支持发布最长 15 分钟、最大 10G 的视频，未开通视频号仅支持 5 分钟以内、大小不超过 2G、格式为 MP4 的视频。

第二，支持自定义视频封面，博主可以单独上传视频封面；

如果发现数据不好，博主还可以修改、更新封面和标题。

第三，手机端支持合集功能。合集功能是指把同一个主题的多条视频整合在一起，创建一个系列的视频合集。

申请步骤为在小红书 App 中打开"创作中心"，找到"视频号成长计划"，点击"我要报名"，如实填写信息，点击"提交申请"，等待官方审核即可。开通后会在 "消息"—"消息通知"中通知。

（4）建立小清单

小清单是小红书博主内容带货变现工具之一，博主可以种草小红书选品中心的商品，赚取佣金。申请开通小清单的小红书账号需要满足粉丝数量达到 1000 个的条件。具体操作为进入个人主页，点击左上角的三条杠，点击"创作中心"，找到创作服务栏，点击其中的"直播选品"，再点击右下角"我的"，在常用服务栏点击"小清单"，再点击"创建"，填写信息并添加选品，小清单就建立成功了，页面默认为"××的小清单"。例如，用户在小红书搜索"厦九九的小清单"，就能直达我的小清单页面购买同款，如图4-6 所示。而博主想在笔记中种草好物，就去小红书选品中心选择商

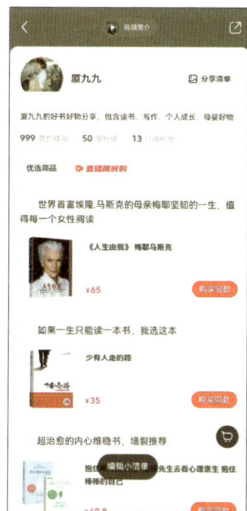

图 4-6　厦九九的小清单

品，添加到小清单即可。选品路径：创作中心—直播选品。

（5）品牌合作

品牌合作是指小红书博主可以承接品牌商家的广告投放合作，主要有两种方式。

一种方式是入驻蒲公英平台，成为品牌合作人，填写广告报价，光明正大地"恰饭"[1]。

入驻条件有以下三项：

① 完成实名认证；

② 粉丝数量 ≥ 5000 个；

③ 遵守社区规范，无社区违规行为。

商家在蒲公英平台给博主下单，博主按照需求制作符合要求的广告，发布时在高级选项中选择关联商家订单，小红书官方和商家审核通过，就完成了接单广告，平台会结算广告费。很多人担心接广告会被限流，实际上在符合平台规范的前提下是不会被限流的。合作笔记发布成功后，笔记开头会出现品牌合作标识及品牌名。

另一种方式是不按照官方报备合作，商家私下联系博主，双方达成一致后发布、完成结算。但是，这种方式存在风险，即如果种草广告夸大效果或广告太硬，平台审核出来属于营销广告，可能会不予通过或限流，博主需要视情况加以修改。

---

1 恰饭：网络流行语，出自我国西南地区的方言"吃饭"一词，原有"生存"之意，网络上多指为了生计而采取的一系列行为。例如，博主在创作中植入商业推广信息。

（6）开通专栏

小红书专栏功能是平台为泛知识博主提供的变现工具，博主可以通过直播课、视频课、一对一咨询的方式实现知识和经验变现，还能增强粉丝的黏性，提升个人 IP 影响力。目前，小红书专栏采用申请制，粉丝数量达到 10000 个的博主可以向官方申请开通。未来，这个门槛或许会降低。

（7）开通店铺，号店一体化

凡实名认证的博主，只要升级专业号就可以申请开通店铺，拥有自己的薯店，实现号店一体。博主在笔记中可以关联店铺的商品，实现内容带货。直播间也可以上架店铺商品进行直播带货。具体操作为进入个人主页，打开"创作中心"，找到"创作服务"，点击其中的"更多服务"，在"内容变现"栏点击"管理店铺"，按照提示填写信息提交申请即可开通。

（8）开直播

小红书直播正处于发展上升期，平台提供官方流量扶持，有主播潜质的博主一定要入局，通过直播在平台授课或卖课，带货平台好物赚佣金，或者自己开店铺带货自家产品。

如何开通直播权限呢？几乎所有实名认证的小红书账号都可以到"创作中心"申请开通。[1]

开直播可以带货三个渠道的商品：一是到"创作中心"—"创作服务"—"直播选品"进行选品；二是开播前挂上自己店

1　境外用非身份证认证的除外，需要官方额外审核批复。

铺的商品；三是选择专栏课程（如果有上线专栏课程的话），就能轻松实现直播带货或带课。

（9）薯条推广

薯条是官方提供内容加热与营销推广的工具，旨在助力优质内容更多曝光流量，或满足个人、企业推广营销笔记的诉求。投放薯条需要升级为专业号，单次投放最低 75 元，仅可投放 90天内发布的笔记。

（10）好物体验

如果你刚开始做小红书，粉丝量不多，也几乎没有广告，就可以多逛逛"好物体验"，薅官方羊毛，免费体验大牌好物。

打开小红书，点击左上角三条杠，点击"好物体验"，里面有家居、美妆、美食等各种品牌的好物供试用。博主可以选择自己喜欢的商品申请体验，填写收货信息，点击立即申请即可。虽然好物体验申请几乎没有门槛，申请的人也很多，但是这类账号更容易被选中：小红书更新比较频繁，有几百、上千个粉丝，账号涉及的领域和申请的好物相关性高。

博主申请成功并体验产品后，发布一篇使用体验笔记就可以了。

（11）小红书创作服务平台

如果你是视频博主，就会用到一个网站——小红书创作服务平台。对于视频像素比较大的文件，官方建议用网页版发布，这样不会压缩画质。网站上有创作百科、数据看板等各个菜单栏，最方便的是博主可以直接添加视频和封面、编辑文案。

4.2.3　内容发布与日常运营

要想运营好一个账号，除了明确的定位和优质的内容，发布时间、发布细节及发布后的日常运营也会影响内容的效果和账号的成长。下面从发布时间、发布细节、日常运营三个方面讲解具体如何操作。

（1）发布时间

一天中有四个时段是黄金发布时间，分别是早晨 6:00—8:00、中午 12:00—下午 2:00、傍晚 5:00—7:00、晚上 8:00—10:00。具体选择在什么时间发布，有两个判断原则。

第一个原则是根据内容面向的主要用户群体的作息和行为习惯，在用户休息时习惯性看手机的时段发布，并且提前 10 ～ 30 分钟，给平台审核分发留出一定的时间。你对自己的粉丝越了解，越知道他们的作息和行为习惯，就越能定制出适合的发布时间。

例如，如果你是育儿博主，用户是有 3 ～ 6 岁孩子的宝妈群体，那就不适合在早上 6:00—8:00 发布内容。因为这时宝妈要么在补觉，要么在带孩子或做早餐，根本没空看手机。那么，她们一般会在什么时间看手机呢？如果是全职妈妈，等老公去上班、孩子去上学了，大概 9:00—11:00 是属于自己的自由时间，她们会看手机学习一些东西。你就可以在 9:00 或 10:00 发布笔记。这个时间并不在前面的四个黄金时段内，却非常贴合目标用户的作息习惯。所以，如果你的用户群体很精准，你可以不必拘泥于大多数人的黄金发布时间。

假如你是职场博主，那么早、中、晚三个时段分别是早晚路上通勤和中午午休的时间，用户打开手机看信息、放松休息的频率很高，这时流量往往也更好。大多数同类博主都是在这些黄金时段发布，但有些博主会反其道而行之，特意避开高峰期，选择下午 3:00—4:00 或中午 11:00—11:30 发布。

第二个原则是根据内容的题材或类型，判断内容在什么时段更易于被点击阅览。如果你的内容是情感类，那么晚上 9:00—11:00 就更适合，因为晚上睡前看情感治愈类内容的用户更多。如果你的内容是励志类，那么早上 6:00—8:00 就会更适合，因为能够激励用户开启满满正能量的一天。如果你的内容比较有深度、需要代入思考，那么早上发就比晚上发更好。因为用户上完一天班，到了晚上很疲惫，不一定有精力和兴趣看这种有深度的内容。

最后补充一点，小红书采用的是算法推荐机制，理论上无论博主在什么时段发布内容，都能够通过算法推荐给那个时段正在看手机且对这类内容感兴趣的用户，但用户的行为习惯和心理习惯，如在什么时段想看什么内容，一定程度上还是会影响用户对内容的点击率。所以，博主应遵循以上两个原则，尝试在不同时段发布的效果，找到适合自己的发布时间，并尽量固定下来，不要随意更换。

（2）发布细节

在手机端或网页版发布后台有需要编辑的选项，如图 4-7、图 4-8 所示。

图 4-7　手机端发布笔记界面　　　图 4-8　网页版发布笔记界面

① 封面 PK 功能

如果博主已经申请开通小红书视频号，就有封面自定义功能，上传视频后会出现编辑封面选项。博主可以从视频中截取封面，也可以单独上传封面。如果未开通小红书视频号，则默认开头 1 秒内的画面为封面。下文将这两种封面统称为默认封面。为了帮助博主提高笔记的点击率，小红书上线了封面 PK 功能，即除了默认封面之外，博主还能最多同时上传 3 张 PK 封面，如图 4-9 所示。PK 封面和默认封面会随机展示，最长 10 小时后系统会自动选择点击率高的封面作为最终封面。

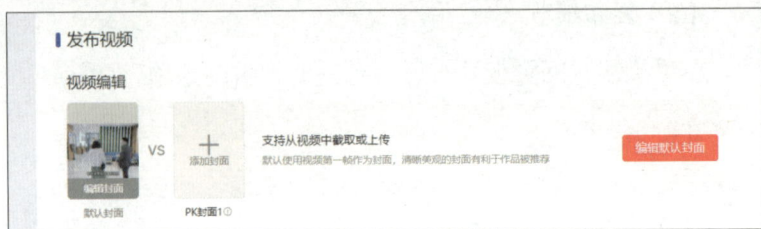

图 4-9　封面 PK 功能

② 标题和正文描述

标题和正文要多出现关键词。出现高频关键词，是为了方便平台判断笔记内容的属性并打上相关标签，从而实现精准推荐。

以我这篇打造个人 IP 的笔记为例，如图 4-10 所示。

图 4-10　笔记示例

封面标题是"个人 IP 定位指南：把握个体崛起黄金 10 年"，正文标题是"普通人如何打造个人 IP 精准变现？这招绝了"，封面标题和正文标题中都有关键词"个人 IP"，正文描述中也多次出现"自媒体""个人 IP""定位"等关键词。结尾带上相关话题，也都是"自媒体""个人 IP""个人品牌"等。这样平台就能准确地判断这是一篇关于什么主题的笔记，并且推荐给对这些主题感兴趣的用户。平台推荐越精准，用户的点击率、完播率和互动率也会越高。

③ 添加 # 话题和 @ 用户

正文末尾应插入与笔记主题相关的热门话题。选择话题时遵循两个原则：一是选择与笔记主题关联度高的话题，弱相关或不相关的话题都不必选；二是选择浏览量大的话题。

那么，具体如何搜索和筛选话题呢？首先，博主要锁定笔记的主题关键词。假如这是一篇以自律为主题的笔记，那么点击 "# 话题"，搜索"自律"就会出现一系列相关话题。然后，博主可以选择与笔记内容契合度高且浏览量大的话题，如"# 自律""# 自律女孩""# 自律打卡"等，如图 4-11 所示。

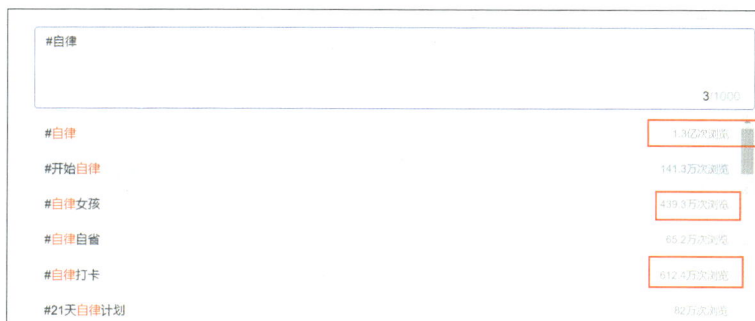

图 4-11　添加 # 话题

在"# 话题"旁边还有一个"@用户"，如果博主的某篇笔记是关于其他某个博主的，就可以 @ 对方，对方能够收到消息。用户也可以通过博主的 @，跳转到对方主页进行关注或浏览该博主的笔记。如果对方是 KOL 或自带流量的博主，这就是一个很好的借势吸引粉丝的功能。

另外，大家可能看到过一些博主在末尾 @ 各种官方薯，如"@ 生活薯""@ 校园薯""@ 时尚薯""@ 直播薯"等，会认为这样有流量扶持。实际上，这种操作不会产生太大的作用，因为普通账号被官方薯发掘的概率非常小。偶尔有些大博主或某篇笔记的内容非常优质，官方薯可能会给予一定的流量扶持，或者作为案例在官方账号上推荐，但更多的流量还是来自内容本身和算法推荐。所以，博主不必每篇笔记都 @ 官方薯，不如省下字数用在有吸引力的正文描述和热门话题上。

④ 正文描述有看点

博主在发布笔记时，如果是图文笔记，就参照 2.5 节的讲述进行；如果是视频笔记，就不要把正文描述写得太长，更不要直接把整个视频文案复制粘贴过去。一方面是因为文字太多，用户不愿意看；另一方面是因为所有内容都用文字呈现，用户就没必要看视频了，一定程度上会影响视频的完播率。正确的做法主要有以下有三种：

● 提纲挈领，概括内容主题和亮点；

● 叙述内容背景或视频中未涉及的一些信息，将内容大纲简明扼要地提炼出来，让用户对内容有一个了解和预期，进而点开视频观看；

● 摘抄一些重点内容或金句。

请记住：正文也是吸引用户观看的，要留一些悬念或钩子，引发用户观看的兴趣，同时可以设置和引导互动。

⑤ 末尾植入人设和互动

博主应在笔记中加入自己的人设介绍，给用户关注自己的理由。如果是图文笔记，博主可以在正文末尾加入个人介绍，或者在最后一张图片的位置放上固定的自我介绍图片；如果是视频笔记，就在内容中或视频末尾加入个人介绍。用户看完内容就能立刻知道博主是一个怎样的人，判断值不值得关注。

如果要做得更加精细化，博主还可以罗列往期相关的爆款内容标题，表明自己还会持续分享。这样可以增加用户从单篇笔记转到账号主页查看其他笔记的概率。如果用户连看几篇笔记，发现内容都很好、很有用，那么其关注博主的概率就会很高。

无论是图文笔记，还是视频笔记，博主都应具有这个运营意识。在笔记中增加一句为何关注自己的口号、介绍自己是谁、推荐往期相关笔记或给出下一期预告，都能提高账号的运营效率，让笔记发挥最大效用。

⑥ 关联商品或专栏

这是笔记内容带货的关键。博主在发布笔记时关联与内容主题相关的商品或专栏，用户看完内容被种草，就可以点击笔记左下角的卡片，进入详情页下单购买。其中商品来自个人店铺，专栏就是博主在小红书开设的付费专栏。如果是图文笔记，一张图片可以添加一个商品或专栏；如果是视频笔记，一篇笔记只能选择一个商品或专栏。

⑦ 添加地点

如果想突出本地特色，或者做本地生意，有实体店面需要从线上获客引流到线下消费的个体或商家一定要添加地点。因为在发现页有一个本地的页面，关注本地的用户打开这里，平台就会推荐标有当地地点的笔记，从而增加一个流量入口。同时，平台也会将这类笔记优先分发给关注本地的用户。

⑧ 高级选项

在编辑界面最下方有一个"高级选项"，点开可以看到以下选项，如图 4-12 所示。

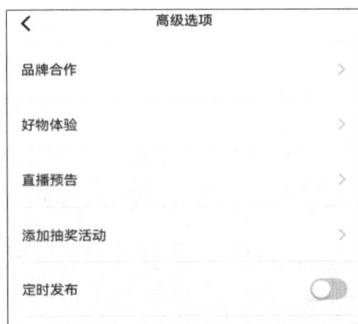

图 4-12　手机端高级选项页面

其中，品牌合作是粉丝数量达到 5000 个、开通了品牌合作人并入驻了蒲公英平台的博主才有的权限。如果在蒲公英平台接商家广告，博主在发布笔记时从这里关联品牌合作，选择相应的商家订单，就完成了笔记报备推广。

好物体验选项就是博主承接了好物体验活动，在发布体验笔记时进行笔记关联。

如果近期有直播安排，博主可以在发布笔记时设置直播预告，笔记下方就会出现直播预告提醒。用户可以直接点击预约，开播时会收到提醒。这样能够提高直播间的流量。

如果有粉丝福利活动或在笔记中设置抽奖活动，博主可以点击添加抽奖活动进行设置。不过，目前只有专业号才能创建抽奖活动。企业身份（含个体身份）专业号每月可创建 3 次抽奖活动，个人身份专业号每月可创建 1 次抽奖活动。

另外，小红书也支持定时发布。博主可以提前编辑未来数小时或几天将要发布的内容，设置好几点几分发布，一旦提交就会进入审核环节。提前审核通过，到指定时间自动发布，可以保证笔记在特殊情况下也能正常发布运营。

（3）日常运营

笔记发布后才仅仅是运营的开始，很多效果都是在细节里打磨出来的。

① 回复评论

评论互动是判断笔记内容质量高低的重要因素之一。及时回复可以增加评论数量和热度，也能增加粉丝黏性，更容易吸引关注。

② 回复私信

对于粉丝或用户的私信，博主能回复的都要尽量回复。从2016年开始做自媒体到现在，我看到真实粉丝的留言反馈都会尽量回复，这有助于增强粉丝的黏性。对于做商业变现、想在线上获客做转化成交的博主，能留言私信的往往都是高意向用户。但是，博主应注意不要直接回复微信号。因为小红书社区规范明文规定禁止站外导流，系统一旦检测出来就会给予禁言限流的处罚，情节严重者甚至被封号。如果博主想长期可持续地从小红书获客到私域，就要遵守平台的规则，利用平台提供的变现工具有效、合规地线上获客。具体讲解详见本书第5章。

③ 简介及账号门面更新

简介是用户直接了解博主的重要窗口。但是，简介也很难一次性就写完美，都需要不断迭代。账号的资料信息可以一周更新一次，但我建议博主不要频繁修改，而是根据不同阶段和账号需要审慎地更新。

另外，账号的整体调性体现在笔记的封面上，博主应尽量在一段时间内形成统一的风格和排版，在需要升级迭代时再整体更新，以免频繁变化让人觉得杂乱。

任何让人看起来赏心悦目、有章法、有吸引力的账号，背后都有底层逻辑和正确方法的指引。博主掌握以上内容发布和日常运营的技巧，就可以在一个个细节中日积月累、超越大多数账号。

4.3　数据分析与运营提升

运营账号最核心的两种思维：一种是用户思维，另一种是数据思维。用户思维是博主从用户的角度做用户需要的、喜欢的内容。博主首先要有这个意识，然后通过刻意练习强化。而数据思维可以让博主比较客观地看到自己到底有没有用户思维。凡是自嗨的内容，产生的数据都不会太好。博主懂得数据分析就相当于拥有"第三只眼"，能看到数据背后的信息，从而做出更受用户欢迎的内容，提高运营效果。

4.3.1　教你秒懂数据分析，实现精准优化

小红书为博主提供了以下三个方面的数据分析，能满足博主对运营和商业变现的需求。

（1）笔记周报

官方薯每周都会以私信的方式向博主发送笔记报告，供博主了解当周数据总览，包括阅读数、点赞数、收藏数、累计发布的笔记作品数量及表现，以及简化版的粉丝画像（性别、年龄、城市）。同时，笔记周报中还有本周热点（每周笔记灵感），博主参与这些热门话题创作，可以赢得官方的流量扶持。

（2）数据中心

小红书后台"创作中心"展示了账号近 7 日的数据，包括新增粉丝数、主页访客数、观看数和互动数。点击其中任一项，

可跳转到数据中心详情页，这里展示了账号概览、笔记分析、粉丝数据。

账号概览包含账号近 7 日和近 30 日的观看、互动和转化数据。近 7 日账号诊断包括观看、互动、涨粉和发文活跃度。观众来源分析包括近 7 日和近 30 日的数据。观众来源主要有五个渠道，分别是首页推荐、关注页面（粉丝）、搜索、个人主页、其他来源。

笔记分析展示了近半年所发布笔记的数据，博主可按观看量排序，快速了解观看量排名靠前的爆款内容。

粉丝数据展示了近 7 日和近 30 日新增粉丝数、流失粉丝数，以及忠实互动粉丝。近 30 日新增粉丝来源主要有四个渠道，分别是发现页笔记（首页推荐笔记）、搜索笔记、搜索账号、其他来源。还有最重要的粉丝画像，包括性别、年龄、城市、观众兴趣分布，如图 4-13 所示。通过了解这些信息，博主就能够更好地抓住用户需求，创作用户喜欢的内容。

对于专注商业变现的博主，粉丝画像更是一个方向标，博主可以

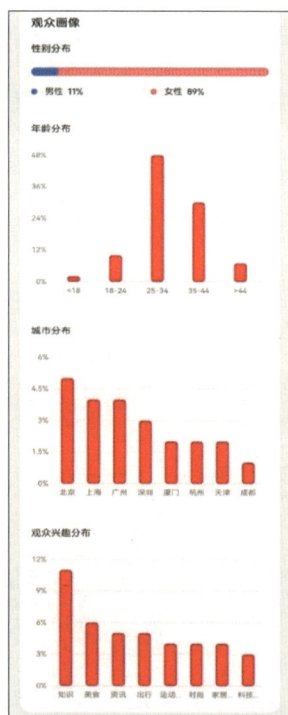

图 4-13　粉丝画像

清楚地判断笔记内容吸引来的是否是潜在目标用户。如果目标用户和粉丝画像不匹配，就要通过内容调整进行迭代。

（3）单篇笔记分析

博主升级专业号，可以解锁数据洞察权益，如图 4-14 所示。

图 4-14　专业号权益中心

在小红书上任意打开一篇笔记，点击右上角的"…"，选择"数据分析"，就能看到笔记发布后 7 日的完整数据分析（笔记诊断），如图 4-15 所示。从图中也能看到笔记的点击率、完播率、互动、涨粉是多少，分别高于还是低于同类作者，都有完整的数据呈现。

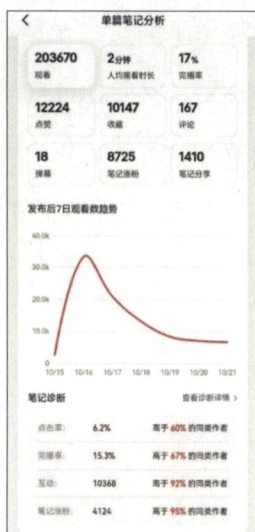

图 4-15　笔记诊断分析（1）

仔细查看这些数据，博主就能知道自己的笔记好在哪里、为什么流量好，以及不好在哪里、问题出在哪里。点击"查看诊断详情"，平台连优劣分析和改进建议都已经给博主指出来了，如图 4-16 所示。

点击率低，是因为封面和标题不够好，无法吸引人点击，需要优化提升。完播率低，往往是因为剪辑缺乏节奏、内容拖沓冗长、趣味性低，以及笔记的选题质量和整体

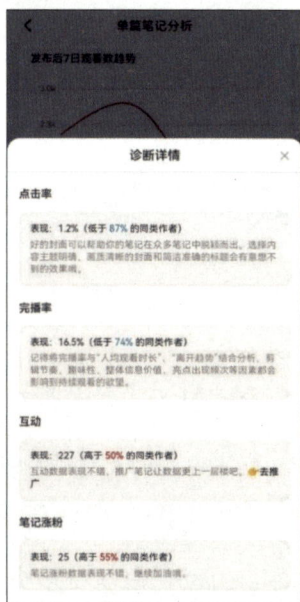

图 4-16　笔记诊断分析（2）

182

信息价值低、亮点出现的频次少、缺少持续观看的动机和刺激，用户无法持续观看。

单独看完播率，无法说明问题，还需要结合人均观看时长、观众离开趋势进行分析。例如，某视频笔记的完播率为 17%，看起来不高，但 2 分多钟的视频，人均观看时长是 50 秒，如图 4-17 所示；再看观众离开趋势，52% 的用户完整看完了视频，如图 4-18 所示。这个完播率算是非常高了。

图 4-17　某视频笔记的笔记诊断

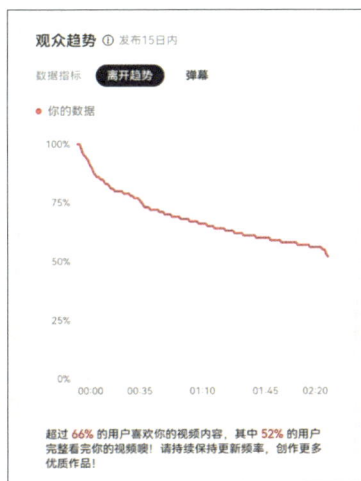

图 4-18　某视频笔记的观众离开趋势分析（1）

再看另一条笔记，如图 4-19 所示。

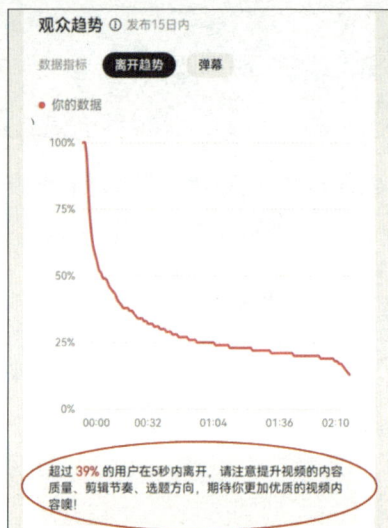

图 4-19　某视频笔记的观众离开趋势分析（2）

超过 39% 的用户在 5 秒内离开，说明内容开头没有留住人，那么博主就可以针对性地看是选题还是内容或剪辑节奏出了问题。通过这样一次次地分析复盘、迭代优化，博主对内容的把控感和敏感度就会越来越好。

互动数据包括一周内笔记的点赞、收藏、评论的总和。互动越高，热度越高，流量越好。互动数据是博主判断笔记值不值得投放薯条做推广的重要因素。如果互动很少，即使投放薯条获得更多曝光也无法带来互动转化，就不必投放薯条。

笔记涨粉是指笔记带来的涨粉数量，反映了笔记的转粉效率。如果笔记的点赞、收藏、评论数据都很好，但涨粉数量却很少，说明笔记内容涉及的人设太少，对粉丝的黏性不足，没有给用户关注博主的理由。

有了以上三类从宏观到微观的数据分析，懂得关注哪些重点数据指标，了解数据背后的含义和改进的方向，博主就能很好地把控账号的内容和运营情况。

4.3.2　发布后提升数据的运营技巧

在笔记发布后，如何运营可以提升笔记的数据表现呢？我总结了以下四个实用的技巧。

（1）冷启动加热

笔记发布后会有一个冷启动阶段，就是平台会评估博主的数据表现，判断笔记内容是否优质，从而进行下一轮推荐。如果能在冷启动阶段对笔记内容进行适当加热，就能够提升笔记的数据表现，从而让笔记有机会进入更大的流量池。

具体怎样加热呢？博主可以将笔记转发到社群或朋友圈，引导用户完播、点赞、收藏和评论互动。请一定记住：视频笔记要完播，如果观众打开后看都没看就点赞、收藏、评论，就容易适得其反，让平台觉得博主在作弊。

其中，笔记的评论和收藏是比点赞权重更大的互动指标。博主对笔记下方的留言和评论一定要勤回复，而且要激发用户参与互动。小红书官方曾经做过宠粉活动，为了激励博主回复粉丝的留言和弹幕互动，拿出流量作为奖励，可见其对评论互动还是非常重视的。总之，博主及时回复粉丝的评论，主动在评论区引导粉丝参与互动，可以增加笔记的热度和流量推荐。

（2）借助数据分析做出针对性的优化改进

查看每一篇笔记发布后的数据，分析该笔记的问题出在哪里。你可以打开任何一篇笔记，点右上角的"…"，然后点击"数据分析"，找到"笔记诊断"，可以看到笔记的点击率、完播率、互动和涨粉数量。点击率低，说明封面标题不吸引人；完播率低，说明内容不够好；互动少，说明缺乏引导；涨粉少，说明博主没有给出让观众关注自己的理由。数据分析中甚至能看到观众看到哪里跳出最多，博主可以针对性地优化内容。

（3）修改封面、标题和正文

如果一篇笔记发布后一天左右，阅读量和点赞收藏数都很少，"小眼睛"数量也几乎没有增长，博主可以尝试修改封面、标题和正文。如果开通了专业号，博主在发布笔记后第二天下午3点以后可以查看数据分析，包括点击率、完播率、互动和涨粉数量。如果点击率、完播率、互动和涨粉数量都严重低于同类作者，那么博主就需要好好修改封面、标题和正文，笔记还有"起死回生"的机会。

如果笔记是视频形式，那么修改封面是有前提的，即开通了小红书视频号。如果没有开通小红书视频号功能，封面是无法单独上传的，也就无法修改，只能修改标题和正文，争取让用户第一眼看到内容时就忍不住想点击。

　　同样的内容，修改封面和标题前后，数据差异可以有多大呢？以我的一篇视频笔记为例，如图 4-20 所示。

图 4-20　笔记修改前后对比

　　原来的封面标题是"未来 5 ~ 10 年自媒体比房子更值钱"，原来的正文标题是"为什么人人都应该做自媒体？一次给你讲透"，视频发布 1 天后只有几千个阅读量，100 多个点赞。后来，我替换掉封面图片，将封面标题改为"未来 5 ~ 10 年普通人翻身的重大机会"，将正文标题改为"未来 5 年人人都能拥有的资产 | 比房子更值钱"。修改后，笔记的流量和热度开始提升。3天后，这篇笔记成为大爆款，累计有 30 多万人次的阅读量、1.3万个点赞、1.3 万人收藏。

　　对比修改前后，后者的封面标题和正文标题都更有吸引力，对于普通受众来说更有价值和看点。同样，正文文案、所带话题也可以根据前文讲述的发布细节做出相应的调整。

　　博主要注意：不要短时间内频繁修改，可以修改 1 ~ 2 次；

当笔记正在被推荐、还有热度和流量时不要轻易修改，否则会影响流量推荐。所以，博主千万不要为了修改一个标点符号或错别字之类的问题去修改正在被推荐的笔记。修改的正确时机是流量没有达到自己的预期，而且笔记几乎没有被推荐的情况下。

（4）复盘总结

运营自媒体账号，博主一定要有复盘思维和迭代思维。

① 复盘思维

复盘思维就是博主每发一篇笔记都要总结成功的经验和失败的教训，做得好的地方有哪些，做得不好的地方又有哪些。我刚开始运营小红书账号时因为是日更，所以每天写内容复盘笔记，记录优缺点和下一次改进的方案。

另外，每隔一段时间，博主都要做阶段性总结，看哪些笔记的数据比较好，哪些笔记的数据差，分析原因，总结规律，掌握自己账号的流量密码。我建议博主每周、每月都要做一次总结复盘，对比之前设定的阶段性目标和目标拆解，看当周、当月的运营数据有没有达标，下一阶段该如何调整及实现目标。

② 迭代思维

做内容其实就像互联网公司开发产品，一开始先快速地完成1.0版，然后不断测试、验证，接受平台和用户的反馈，一边行动，一边优化迭代。博主在一开始时不要有完美主义的心态，一定要做到100分才发布；完成比完美更重要，只要开始行动就是成功，要做好至少做20条内容练手的准备，然后观察哪些内容的数据好，从中总结规律；当出现爆款时，同类型的主题可以继续做，甚至形成系列，直到这个话题没有流量了再继续寻找下一个流量密码。这就是在接受市场反馈的过程中快速进步。

博主在接受市场反馈时有一点很重要，就是学会倾听用户的声音，多看评论区的评论和反馈。这样做有两个好处：一是留意用户想听的其他话题，特别是在爆款笔记下的需求，博主马上就可以再跟进一条；二是博主可以从用户的反馈中看到自己的优势和能力。例如，有人说你的形象很好，有人说你的声音很好听，有人说你很有亲和力，等等。也许你一开始并没有找到自己的闪光点和优势特色，但从用户和粉丝的反馈中，你会渐渐明晰并将这些被夸赞的地方继续发扬光大，使其成为自己的优势特色。

日常更新内容，如果某篇笔记的数据不好，博主可以适当修改。如果修改后流量还是起不来，博主就要果断放弃，并总结复盘可能存在的问题，在创作下一篇笔记时尽量避免。

4.3.3　提升完播率和互动率的技巧

我们从前文的分析中可以知道，高完播率和高互动率的视频更容易被系统持续推荐和曝光。那么，博主如何提高完播率和互动率呢？

（1）完播率

完播率和笔记的整体质量、剪辑节奏、亮点设计安排都有关，博主需要结合笔记创作和拍摄剪辑做整体提升。这里分享四个通过优化文案脚本就能提高完播率的小技巧。

① 开头设悬念、埋钩子，让用户忍不住看到最后；或者直接设置一个关注点，提醒用户一定要看到最后。

② 中间每隔几十秒就要出现一个亮点，吸引用户继续往下看。内容设计和逻辑环环相扣，让人不知不觉就看到了结尾。

③ 写完逐字稿或文案脚本，把最精彩、最吸引人、最让人好奇的部分往前放。如果是 Vlog，那就把最亮眼的画面快剪放在前面，引发用户期待。很多新手会把重要的内容放在后面，实际上如果前面的内容不能够吸引人，用户根本就不会看到后面。

④ 文案脚本的字数不要过多，时间控制在 3 分钟内。对于新手而言，1 ~ 3 分钟是比较合适的时长，完播的效果远大于 3 分钟的长视频。

（2）互动率

互动包括点赞、收藏、评论和弹幕，博主在创作笔记及发布运营时就要注意这些方面的引导和设计。具体做法如下。

① 在内容中直接与用户对话，通过提问题或下指令的方式引导用户点赞收藏、评论。

开头引导用户点赞收藏和关注的常用话术如下。

● 先点赞收藏，以后一定用得着。

● 这期内容全是干货，先点赞收藏，以后慢慢看。

● 老规矩，先关注，再观看。

中间适时通过具体的指令引导用户发评论或弹幕。例如，我就在"敢不敢用 100 天读 33 本书彻底改变自己"这篇视频笔记中讲完干货后发出呼吁："距离 ×× 年结束只剩 ×× 天，你敢不敢和我一起用 100 天来挑战 33 本书，彻底改变自己！如果愿意，你就在弹幕或评论区打出'改变自己'四个字。"结果，很多人都在弹幕或评论区打出"改变自己"四个字，产生了较高的互动率。

结尾再次提醒用户关注和点赞收藏、评论。尤其是关注，一般能看到结尾的用户往往更容易关注博主。

结尾引导用户互动的常见话术如下。

● 如果你喜欢这个视频，就双击点个赞吧！

● 如果你觉得这个视频对你有帮助，赶快收藏起来吧！

● 如果大家有其他想法和观点，欢迎在评论区留言告诉我。

说完引导互动的话术，博主还可以结合自身的定位，制定个性化 Slogan 或者一句话介绍，制造记忆点，强化用户对自己的认知。例如，我会在讲完上述互动话术后加上一句"我是厦九九，关注我，一起成长、成事、成为自己"，或者"我是厦九九，一个讲自媒体干货，也讲成长的创业宝妈"。

② 策划选题时尽量筛选有话题性、争议性和共鸣点的主题，这些内容更能激发用户的参与度和表达欲。例如，与地域、人群有关的话题往往能产生比较好的互动效果。

● 结婚要不要彩礼？

● 是甜粽子好吃还是咸粽子好吃？

● 北方人和南方人冬至吃的有什么不同？

对于这些与地域、人群有关的话题，每个人都能说上几句，博主只要稍作引导，用户就会在评论区各抒己见。不同立场的人互相讨论，互动率就能迅速提升。

③博主用轻松欢愉的口吻回复评论和私信，展现自己有趣、有爱的友好个性，既能提升内容热度、增加互动率、增强粉丝黏性，也有助于提高关注量。

总之，博主要想提高互动率，就一定要重视引导互动，把这个意识深深印在脑子里，使其成为一种潜意识的习惯。这是做自媒体非常重要的内容创作与运营技巧。

第 5 章

多元变现：掘金小红书

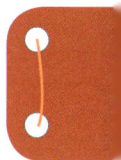

小红书最被人熟知的变现方式就是承接广告、种草好物，但其实小红书的变现方式远不止广告这一种模式。2020 年，小红书开始商业化，尝试多元的变现方式。2021 年，小红书上线了店铺、专栏、小清单等新功能。本章总结了运营小红书账号必须知道的五大变现方式，以及提升变现能力的方法，并对当下正处在红利期的直播带货给出了翔实的实战干货。

5.1 小红书的五大变现方式

正式运营小红书账号 3 个月，我就开通了小红书平台所有的变现功能和权益，总结起来主要有五种，分别是广告变现、付费专栏、带货变现、店铺变现和获客转化。

5.1.1 广告变现

据媒体报道，2020 年，小红书的广告业务营收实现了 3 倍增长，达到 6 亿～ 8 亿美元，约占总营收的 80%。微播易发布的《2020 年度 KOL 社交媒体投放分析报告》显示，2020 年小红书广告主的投放金额增长了 119.42%，成为年度黑马。

小红书如此受品牌方青睐，与其平台的调性有关。小红书上拥有大量真实分享的高黏性内容和优质内容生产者，成为我国种草平台的"种子选手"。《小红书优质 UGC 电商生态》报告显示，90% 的小红书用户在购买产品前有在小红书搜索的行为。

其实，品牌在小红书上的广告投放金额远高于媒体报道的6 亿～ 8 亿美元。因为抛开报备的推广，小红书博主还有很多非报备的广告，这部分也是小红书博主们的一大收入。

那究竟什么是小红书的种草广告呢？用户浏览小红书笔记时会看到一些博主在推荐产品，或者一些笔记里时不时地会夹带一些产品的推荐，这就是种草广告。不是硬广，而是润物细无声的软植入。

随着小红书博主的粉丝量增长，笔记的阅读量高，点赞数、收藏数通常有几十、几百个的时候，慢慢就会有品牌方主动找到博主进行种草广告合作。双方洽谈妥当后，博主根据品牌方的要求发布种草笔记就可以获得广告费了。

小红书的品牌广告合作有两种方式，一种是报备笔记合作，另一种是非报备笔记合作。

（1）报备笔记合作

报备笔记合作离不开小红书官方推出的蒲公英平台，品牌方或商家可以通过蒲公英平台找到符合条件的博主下单，进行品牌合作、电商带货、新品试用等。整个交易在蒲公英上完成，公开透明，对博主和品牌方都有保障。

通过小红书蒲公英平台接单、交付的品牌合作笔记称为报备笔记。那么，怎样才能入驻小红书蒲公英平台呢？

目前，小红书博主完成专业号认证，并且有 5000 个粉丝（见图 5-1），就可以在账号后台创作中心申请开通品牌合作，正式入驻小红书蒲公英平台，以官方允许的方式光明正大地"恰饭"。

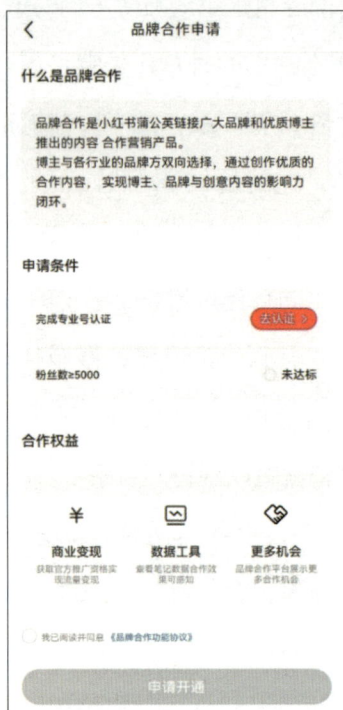

图5-1　品牌合作申请条件

通过小红书蒲公英平台完成报备的笔记，内容要经过平台审核后才能发布，博主不用担心会出现误判为营销广告或违规的情况。同时，通过平台交易，品牌方的广告结算也有保障。

如果你是品牌方，投放报备合作笔记可以在后台直接查看笔记合作的数据效果，有助于判断整体的投放质量。对于曝光量大、转化率高的笔记，品牌方还可以找官方买流量助推，持续给有价值的商业笔记加热，从而带来更大的经济效益。

不过，通过小红书蒲公英平台完成的品牌推广，品牌方和博主都会被平台收取订单金额的 10% 作为服务费。

报备广告笔记在发布时要注意以下三点。

第一，目前平台规定报备广告笔记不能超过当月笔记总数的 20%。假如当月发布的笔记总数是 20 篇，那么报备广告笔记最多为 4 篇。博主要想多接报备广告，就可以增加当月的笔记发布总量。

第二，博主在发布笔记前一定要先向品牌方确认内容信息无误，否则对方可能会不埋单。

第三，笔记在发布时需关联品牌方的报备信息，作为报备广告笔记的认定标识。具体操作是在编辑界面最下方有一个"高级选项"，博主点击进去选择"品牌合作"，然后选择合作的品牌方报备信息即可实现绑定。发布后无法修改或添加报备信息。

（2）非报备笔记

前文说到升级专业号、粉丝数满 5000 个可以申请开通品牌合作，在平台接广告，但并不是说博主必须达到 5000 个粉丝才可以接广告。例如，我的很多学员只有几百个粉丝，也有广告商家私下来寻求合作。不过，粉丝少的时候，主要是实物置换或以低价推广为主。

不通过小红书蒲公英平台接单、交付的品牌合作笔记称为非报备笔记。简单地说，就是绕过平台私下接单推广。那么，具体怎样接非报备广告呢？

小红书上有非常多的品牌通过 KOL 或 KOC 进行品牌营销推广，这些推广需要大量的中小博主配合铺量。所以，品牌方或渠道方会在平台上大量发掘中小博主或普通博主。这些博主在自己的主页简介中留下邮箱，只要内容做得好，数据表现好，就经常会接到品牌方的合作邀约。

所以，只要博主能够创作足够优质的笔记内容，经常出爆款，即使粉丝数量不多，也会有品牌方找博主合作。因为博主的粉丝量不多，品牌方付出的成本就会少，而博主能够创作爆款增加品牌的曝光量，对于品牌方就是性价比非常高的推广选择。无论是报备笔记还是非报备笔记，账号的粉丝数量越多，广告报价就越高。最终根据博主的笔记数据、粉丝量及品牌方的需求洽谈适合的价格，通常非报备笔记的报价一般要比报备笔记的报价低。

在接非报备广告笔记时，博主需要提前了解所推广产品的安全性如何、有无负面新闻、是否契合自己的账号定位。如果调性偏差大，产品质量又无法保证，我建议大家要慎重选择，避免伤粉，甚至后期因为产品出现问题而影响到自身。

在确认产品质量和品牌口碑后，如果对方是你愿意推广的品牌，那就要和品牌方谈好相应的报酬、发布要求及时间。在正常情况下，博主确认合作后可以让品牌方先预付定金，以免逃单。

非报备笔记因为是私下合作，所以形式会比较灵活。尤其对于粉丝数量不太多的博主，品牌方通常采取以下三种合作形式。

第一，实物置换，没有广告费。这种形式没有广告费，但是博主能获得品牌方赠送的产品。如果前期你的粉丝比较少而产品又比较贵，也是你需要的产品，你就可以按这种方式接推广。

第二，广告费形式。按照品牌方的要求发布合作笔记，博主能获得相应的广告费，常见的推广对象有购物 App、美容护肤品、保养品、学习用品、母婴用品、家居用品等。

第三，实物产品 + 广告费。在这种形式下，博主既能获得免费的产品，又能获得一定的广告费，如护肤品、包、代餐奶昔、零食、学习工具等。如果你自己已经有品牌方的产品，你也可以向对方提出增加广告费、不要产品的要求。

5.1.2　付费专栏

付费专栏是小红书在 2021 年下半年推出的知识变现工具，旨在帮助博主更好地实现知识变现。目前，付费专栏支持直播课、视频课及一对一咨询的方式，博主在粉丝数量不低于10000 个时可以申请开通付费专栏功能。

直播课就是用直播的方式上课，博主可以提前在专栏中设置直播交付的各个时间点，然后按时开直播进行交付，直播之后会自动生成回放，购买的用户可以在小红书上长期回听。

视频课即录播课的形式，博主需要提前将录好的课程视频上传到小红书，然后进行销售，用户同样是在小红书上听课。

一对一咨询类似于直播课，只不过是针对一个人在小红书上进行直播交付。交付完后，用户可以持续回听。

现阶段，在小红书创建专栏，平台会自动生成一个专属的课程学习群，供购买课程的用户在群内交流。

付费专栏特别适合有专业积累的博主。例如，我的学员中有专业化妆师、收纳师，这些有专业积累和输出能力的博主一定要开通付费专栏。我在小红书上开设的"小红书博主赚钱课"售价 98 元，在小红书上卖了 400 多份，而且还在持续销售，如图 5-2 所示。

图 5-2　厦九九的小红书专栏课

博主可以在笔记中标记、关联专栏，用内容流量带动专栏的销售。所以，博主卖课是不缺流量的。假如只是在私域（微信朋友圈、社群等）做付费课程，很多人都会面临缺流量的问题，因为不知道要卖给谁，除非自己的微信好友特别多，还能有源源不断的新用户加为好友。而且，专栏是一次创作、多份收益的，一份时间可以卖多次，非常值得做。

5.1.3　带货变现

2021 年 4 月，抖音电商总裁康泽宇在抖音电商生态大会上首次提出了"兴趣电商"的概念。它是一种基于人们对美好生活的向往，满足用户潜在购物兴趣、提升用户生活品质的电商模式。

兴趣电商的核心是主动帮助用户发现自己的潜在需求。淘宝、京东属于传统的搜索电商，俗称货架电商平台，属于"人找货"。但是，基于自媒体算法推荐的兴趣电商却是"货找人"。用户在观看内容的同时会被激发潜在的需求，通过内容中挂载的购物车或直播间售卖的商品卡直接下单消费。

兴趣电商是未来所有自媒体平台必然发力的方向。2021年，抖音的兴趣电商成交总额已经超过 1 万亿元。面对如此巨大的市场，小红书当然不会错过。而且，小红书本身就是女性种草的第一平台，当然不希望自己一直给别人做嫁衣，也希望品牌和用户能在自家种草，又能在自家拔草。

作为内容社区电商平台，小红书兼具兴趣电商和搜索电商的属性。而兴趣电商是趋势，也是红利。

2019年11月，小红书开始内测互动直播平台，引入电商直播功能，直播页面可以设置商品货架、商品页面。2020年4月23日，小红书正式上线直播。2021年8月，小红书正式推出号店一体，开始全面布局兴趣电商，不但能内容带货，还能直播带货店铺商品。这里面博主最容易抓住的变现方式就是带货变现。

目前，小红书带货变现的具体方式有以下三种。

（1）小清单带货

小清单是小红书为博主提供的场景化种草分享清单，也是平台会长期提供的创新内容带货工具，方便博主进行真实的好物分享。

粉丝通过博主的小清单购买商品，交易成功后，博主会收到对应的商品分销佣金。

小清单具有以下五个特点。

① 有独立的页面承接笔记和商品。

② 支持个性化定制清单内容，清单上的商品全部来自小红书商城。

③ 支持口令搜索，用户在小红书App搜索框中搜"某某的小清单"就会直接进入带货博主的清单界面。

④ 支持分享到小红书站外，如微信、社群、朋友圈等。私

域的粉丝通过小清单购买商品，博主同样可以获得分销佣金。

⑤ 清单订阅功能。用户可以订阅自己喜欢的博主的小清单，被订阅的小清单会直达用户的心愿单中，小清单有更新时就会自动推送。

目前，粉丝数量达到 1000 个的小红书博主都可以申请开通小清单，开始种草带货。博主可以直接在小红书选品中心选品，添加佣金可观的商品，并编辑推荐文案，就会加入小清单页面。博主在分享笔记时，如果笔记内容恰好与自己小清单中的商品相关，就可以在文案区或评论区引导粉丝搜索自己的小清单，购买同款商品，从而获得"睡后收入"。

（2）关联带货

目前，小红书支持直接在笔记中关联付费专栏和自营店铺中的商品，呈现形式如图 5-3 所示。

小红书笔记的关联功能可以让用户在看图文或视频笔记时看到博主推广的商品。如果用户被笔记内容成功种草、激发兴趣，就可以直接下单购买，这极大地提高了内容带货的转化效率。

图 5-3　小红书笔记中关联店铺商品

我的学员"懿格格养生堂"凭借一篇被 1.2 万人点赞的爆款笔记，售出了 500 多份单价 268 元的花青素原胶,如图 5-4 所示。

小红书的关联商品功能没有粉丝数量的限制,博主要想通过笔记带货赚钱,就需要申请开通小红书店铺,上架自有的产品;或者在粉丝数量达到 10000 个后申请开通付费专栏功能,通过笔记关联付费专栏变现。

(3)直播带货

如今电商最火的无非就是直播带货,引领直播带货的三大平台是淘

图 5-4 "懿格格养生堂"的爆款笔记

宝、抖音和快手。这三个平台的直播带货也被头部"大 V"垄断了流量,普通人很难有机会。而小红书却不一样,这是一个以一二线城市精英女性为主的种草平台,其最新的品牌宣传语是"2 亿人的生活经验,都在小红书"。虽然小红书入局直播带货不算早,但此前小红书的相关负责人就曾表示,在数据上,小红书直播带货显示出"三高一低"的特征,分别是高转化率、高客单价、高复购率和低退货率。

QuestMobile 公布的数据显示,2020 年 4 月,用户数超过千万级的新型内容流量平台中,小红书以 21.4% 位居 KOL 平均带货转化率排行榜首位,高于其他三大平台。这和小红书的高种草属性、高粉丝黏性、高用户价值是分不开的,也是其他平台不具备的。

目前，在直播带货行业中，普遍的情况是 5% 的头部主播垄断 95% 的资源和流量，只有看头部主播才能更加直观地感受到直播带货的火热。而小红书没有头部主播，资源分配更均衡，这从某种程度上给普通主播提供了更多的机会和可能性。

博主完成小红书账号注册并进行实名认证后即可解锁直播权限。目前，博主在小红书上直播带货可以选择带自己店铺中的商品，也可以带小红书选品中心的商品，如图 5-5 所示。选品中心的商品品类非常丰富，基本覆盖了所有博主能想到的品类，佣金为 1% ～ 50%。在小红书选品中心，博主可以看到"带货热榜"，即近期平台上最热门的带货商品排行，还可以低价拿样、

图 5-5　小红书选品中心页面

免费拿样。这些既方便博主做选品决策，也给想带货的博主提供了很多操作上的便利。

5.1.4　店铺变现

2021 年 8 月，小红书正式推出号店一体，"0 门槛开店"，让博主、商家能够直达用户，同时切断淘宝外链，主打种草和拔草闭环，自成商业生态。

目前，小红书店铺处在一个风口期，门槛非常低，博主只要升级了专业号即可申请开通店铺。如果你是个体工商户或企业，可以直接开店铺。如果你是个人博主，也可以开通店铺，不需要营业执照。开店铺几乎不需要成本，只需要缴纳一定的押金。个人店需缴纳 1000 元押金，企业店需缴纳 20000 元押金。

如果博主本来就做生意，有实体店，那么博主开通店铺后就可以在店铺中上传自己的产品信息，然后在笔记中关联商品卡带货或直播带货。开通店铺后，个人账号主页会显示"管理店铺"入口，粉丝从主页就可以进入店铺进行消费，如图 5-6 所示。

图 5-6　小红书店铺主页入口

小红书的店铺功能为博主和商家提供了非常便利的变现环境，如果博主的产品客单价不是特别高，完全可以直接放在店

铺中销售。目前，小红书店铺的交易手续费是 5%，每月 10000
元内免手续费。

5.1.5　获客转化

如果博主有实物产品或虚拟服务，就可以在平台允许的规则内引流意向用户到微信私域，再进行转化变现。也就是说，本身有业务和商业模式、有产品可以交付的人，缺少线上用户和新的流量，就可以去小红书发布内容，吸引优质用户。

但是，博主在引流时要注意一些运营技巧，不要在私信、评论区直接留微信号。平台一旦检测出博主有大量的导流行为，就会根据导流情况给予相应的处罚。

比较常用的引流方式有以下四种。

① 将小红书号改成微信号，这样聪明的用户看到了就会主动加博主的微信。

② 博主在主页简介里留下自己的邮箱，方便合作方或有需要的人邮件联系，然后在自己的邮箱中设置收件后自动回复微信号，这样也可以实现一定程度的自动引流。

③ 博主在简介里写上自己的微信号，但是不能直白地写微信号，可以用"个人""你懂的"等词语隐晦地描述。如果能审核通过即可；如果不能通过，则修改或用其他方式留下引流线索。

④ 博主可以利用主页"发布瞬间"功能在"瞬间"打卡，提醒大家私信找自己，然后在私信里做合适的引导。但是，

切记不要直接发微信号，可以发手写的微信号照片，或者主动在私信中询问对方的联系方式。

5.2 提升变现力的方法

小红书博主的变现能力不是靠粉丝数量决定的，而是自身的商业价值。很多拥有百万粉丝甚至千万粉丝的博主，他们的变现能力还不如一个只有十万粉丝的博主。为什么呢？

这是多方面因素造成的，包括定位、人设、粉丝精准度和内容质量、商业变现及运营模式等。本节就从三个方面讲述提升变现能力的方法，分别是掌握变现的三个底层原则、用商业思维理解自媒体，以及矩阵化多平台运营。

5.2.1 掌握变现的三个底层原则

尽管小红书账号变现能力的强弱取决于多方面的因素，但有一点是可以肯定的，那就是博主一开始没有想好账号的变现逻辑，只一味地追求流量，专门做能够涨粉的内容。其实，这样积累起来的很多粉丝都是"泛粉"。和"泛粉"相对的是"精准粉丝"。相比"精准粉丝"，"泛粉"的价值要低很多。

小红书博主要想提升变现能力，首先要吸纳足够多的精准粉丝，其次要做离钱最近、自己最有资源优势可以整合变现的赛道。我总结了对于小红书博主变现非常关键的三个底层原则，具体说明如下。

（1）做真实的人设

很多小红书博主在一开始做账号时就会思考以下问题：我能否不真人出镜？我做虚假的人设，行不行？如果博主想要有更好的变现能力，我的建议是做真实的人设，而且要真人出镜拍视频。

线上交易的本质是信任，而真人出镜就是最容易获取粉丝信任的方式。粉丝可以从视频中直观地看到博主的谈吐、气质，以及博主展示的真实内容。有了信任才会触发后续的商业行为。无论是品牌种草广告，还是直播带货、知识付费，真实的人设都会有更强的优势，更受用户青睐。

至于为什么不能做虚假的人设，道理很简单，一个谎言要用无数个谎言弥补，如果一开始博主做了虚假的人设，博主就要一直装下去，那将是一个痛苦的过程。有些人会说，我等账号做起后把以前的内容删掉就行了，这样用户也看不到。其实你错了，互联网的记忆能力远比你想象的要强大，不然也不会有那么多虚假人设的网红最后都"翻车"了。

人设一定要真实，这样你才会更长久地发展，不会因为违背了自己的价值观而出现精神内耗。你也不要觉得自己现在的人设好像没有亮点，其实每个人都有亮点。如果你还没有找到，一定要返回第 1 章去看我关于定位、人设的讲述。

（2）做平台最赚钱的方向

想在一个平台赚到钱，博主一定要了解这个平台的哪些方向、哪些赛道最容易赚到钱。很多时候，赛道不同就决定了博主开始变现的节点不同，以及变现的上限。例如，刚毕业的大学生进入金融公司，可能一开始的年薪就是 20 万元，3 ~ 5 年后能达到百万元；而毕业进入传统制造企业的大学生，可能一开始的年薪只有 10 万元，3 ~ 5 年后也只有 20 万元。这就是赛道的差距，小红书也不例外。

在小红书上，仅从广告变现的能力进行比较，家居博主 > 时尚美妆博主 > 母婴博主 > 穿搭博主 > 其他。如果你觉得自己除了广告以外，暂时没有其他变现能力，那就可以选择从平台上接广告最赚钱的赛道开始。这样即使你只做到了 60 分，变现能力也高于其他在冷门赛道做到 90 分的博主。

（3）做自己可以整合资源的赛道

自媒体的本质是流量的获取。获取流量之后，博主结合自己的商业模式就可以很好地变现。如果你有很清晰的属于自己的商业模式，那就做配合自己商业模式的赛道，用爆款内容获取精准用户，实现变现。

如果你暂时没有属于自己的成熟的商业模式和产品，那就可以思考自己能否借力身边的资源，把资源整合起来变现。学会资源整合，你的变现能力也会更强。我有学员就是自己没有产品，但从平台上用内容获取用户，到私域成交自己代理的其他产品，短短 1 个月时间就变现了近 10 万元，而她最大的账号也不过 1000 个粉丝。由此可见，只要你能够合理整合流量和资源，变现的效率将会指数级提升。

5.2.2　用商业思维理解自媒体

抖音、小红书等自媒体平台正在进入全面商业化的阶段，其中蕴藏着大量的商业机会。自媒体平台带给内容创作者的价值绝不仅仅是广告或流量收益，最大的价值是让创作者可以通过创作内容，借助算法吸引精准的目标用户。同时，平台再配套店铺、直播、专栏等变现成交工具，打通"认识—认知—认购—交付"的完整商业闭环。

如果线下实体的商圈是以店铺为中心的 3 ~ 5 公里范围，那么线上自媒体的商圈就是整个平台的用户。截至目前，抖音、快手、小红书的月活用户量分别达到了 6.5 亿、5.78 亿、2 亿。更重要的是，依托线上自媒体的商业活动不受地域的限制，在家就能做。这也是很多线下传统企业必然转型线上的原因。

我的学员"小姿"是一名手工爱好者，她借助小红书分享关于手工褶子的工艺及自制的打褶机，吸引了 2000 多个精准粉丝，售卖打褶机一晚上就变现了 20 多万元，累计已变现超过 40 万元，如图 5-7 所示。如果她在线下售卖，估计连目标用户在哪里

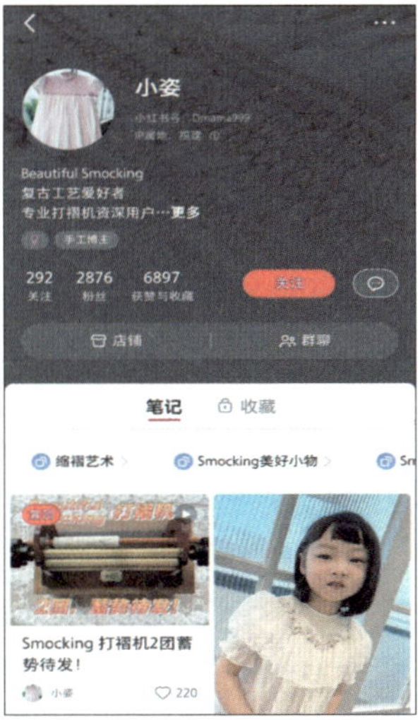

图 5-7　小红书账号"小姿"

都找不到。而自媒体却可以让她的内容成为她的销售员,借助算法把她的内容推荐给感兴趣的人。用户看到她的内容,产生了兴趣,就会主动关注和咨询她,进而产生更多成交的可能性。这是线下实体企业无法做到的。而在线上,我们只要懂得如何创作内容,就可以让内容帮助我们找到精准的意向用户。

所以,能够在小红书上持续赚到钱的博主都是用商业思维运营小红书的,他们会在一开始就设想好自己的商业闭环,丰富自己的变现方式,并且当成一场长期的创业来做。

如果你也想做小红书或正在做小红书,就一定要思考自己能借助小红书做什么样的商业。只要想清楚并付诸行动,你也能赚到钱。

5.2.3 矩阵化多平台运营

要想扩大收益,有一个非常好的方式,就是把一份时间卖多次,一份内容在多平台分发。目前,主流的短视频平台有抖音、快手、小红书、B站、微信视频号、西瓜视频,图文平台有微信公众号、今日头条、知乎、百家号、微博等。其中,你的内容在西瓜视频、今日头条、百家号等平台只要有播放量就有流量收益,单价为 10 元 / 万次播放～100 元 / 万次播放。在时间充裕的情况下,你可以把自己小红书上的内容同步分发到以上推荐的自媒体平台。如果你的内容优质,播放量不错,收益也会比较可观。

　　把已经创作好的内容分发到其他平台也是在自建个人 IP 矩阵，在其他平台同步积累粉丝和影响力，你发布的内容就可以在不同的平台为你连接资源。如果你做的是视频内容，还可以把脚本补充到 800 字左右，修改成图文，同步分发到上述图文自媒体平台，同样可以增加一部分流量收益和影响力。

　　如果你按上述建议成为一个多平台的内容创作者，在谈品牌广告合作时也会更有优势。很多合作方在前期询价时都会问博主是否可以同步到其他自媒体平台，这时如果你有，而其他博主没有，你就比其他博主更有优势。这类博主在接小红书广告时，可以附赠一些其他平台的同步分发，议价能力也会更强。

5.3　小红书直播带货的秘诀

　　直播带货是自媒体的一个风口，也是在自媒体的商业生态中非常重要的一种成交方式。如何做好一场直播，将会是每个内容创作者的一项必备技能。

　　如果你会做直播、能成交，那么无论是在职场上班还是做自由职业者都将具有极强的竞争力。本节就详细讲述如何策划一场带货直播。

5.3.1　如何准备一场直播

　　目前，小红书博主使用身份证进行实名认证后就可以开通直播权限。如果你开直播只是想和粉丝聊天，不带货，就可以不考虑带货权限。但是，如果你想直播带货，那就必须认证专业号，开通自己的店铺，上架自有商品，在直播间带自己店铺的商品；或者在粉丝数量涨到1000个后开通选品中心功能，带平台上有分销佣金的商品。开通直播权限的具体操作如图5-8所示。

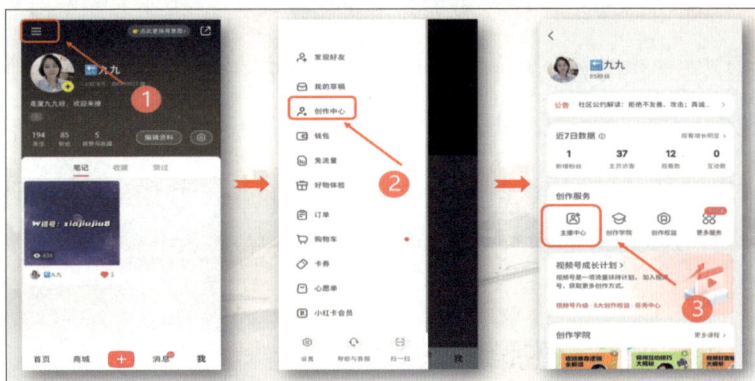

图5-8 开通直播权限的具体操作

一场直播的效果好不好，80%取决于开播前的准备工作做得是否充分，剩下20%的功劳才是直播间主播的发挥和工作人员的配合。小红书直播也不例外。

我直播过上百场，有花很长时间精心准备的大型直播，也有日常随意的直播。要想直播达到较好的效果，需要做好充分的准备工作，我总结了以下三点经验。

（1）直播主题和流程策划

每一场成交总额可观的直播背后，都是无数次的策划和精心的准备。直播策划主要包含四个模块，分别是流程、物料、福利、宣传。

直播的流程主要考虑主题、时间、环节、内容等。

主题就是这场直播想要跟大家聊的话题。主播在设定主题时一定要结合自己直播时想要推销的产品，以及产品背后的人群。例如，我是做小红书行业培训的，我的产品是一对一辅导的小红书训练营，我经常用的直播主题就是"如何从 0 到 1 做一个赚钱的小红书号"，这非常契合我的产品。直播主题越明确，进入直播间的用户就越精准，最终的成交率就会越高。

直播的时间策划包含两个维度：一是单场开播的时间，二是直播频次及固定的直播时间。如果希望用户记住你，养成习惯来听你的直播，那么你就要把自己的直播时间尽量固定下来。对于这一点，很多小主播会忽视，而很多大主播都做得特别好。例如，我固定的直播时间就是每周二到周六的晚上 9 点，我坚持直播一段时候之后，粉丝就知道在这个时间来直播间找我。

环节策划就是在直播过程中要设置哪些互动，如暖场互动、干货分享、抽奖、答疑、连麦、带货等。一场直播下来，不可能都是主播一个人在讲。如果主播只顾自己讲，而没有设置任何互动环节，那么这场直播一定是失败的。

内容就是直播过程中要分享的干货。不打无准备之仗，如果想要留住观众，每一场直播一定要有一环扣一环的内容设计。所以，在直播前，主播一定要准备好本场直播的分享内容，可以不用写逐字稿，但是要列出大纲和要点，打印出来，放在手边参考。

（2）直播物料准备

确认直播流程后，就要开始准备直播过程中可能涉及的物料，主播可以根据直播策划表罗列出物料清单，如直播封面、直播宣传海报、主播手牌、直播间氛围物料、商品物料、卖点物料及其他道具等；直播前至少要给物料设计、制作预留两天的时间，物料制作上要有一定的美感。

对于好的直播间而言，物料布置非常重要，一些小细节也能提升直播间数据。我曾做过测试，在直播间放一个"专心听5分钟，小白变精通"的卡牌，直播间用户的停留时长就增加了50%。在直播间放一个引导关注的卡牌，每次直播的涨粉数据也要高于以前未布置的直播间。

（3）直播间福利设置

在直播间设置福利或抽奖是留人、促单的有效方式。然而，这也是很多主播容易忽视的。如果你细心观察就会发现，那些成交总额高的直播间没有不抽奖、不送福利的。可以说，抽奖频次越高，观众的停留时间越长、活跃度越高，就越容易获得官方的推流；反之，如果直播间的气氛冷淡，观众的停留时间短，官方是不会扶持的。

直播间的福利需要很贵吗？其实不用。根据不同的产品设定，福利可以是实物产品，也可以是虚拟产品，还可以是限时限量的优惠券，重点是围绕直播推广策略和成交总额目标去设计。

每一场直播要设定一个成交总额目标及营销投入的费用目标，主播在开播之前必须设计好营销的策略，是送东西还是推限时优惠券。

5.3.2　宣传直播预告的四种途径

完成直播策划之后，就要对直播预告进行宣传了，这是开播前必不可少的动作。对直播预告进行宣传主要分为站外宣传和站内宣传。站外宣传就是在小红书以外的平台宣传，这种宣传主要在微信朋友圈、社群等私域进行。站内宣传主要有以下四种途径。

（1）直播中引导用户预约下一场

主播在直播的过程中可以新建下一场直播的预告，然后在本场直播过程中引导直播间用户直接预约下一场直播。这种引导用户预约的效果非常好，我强烈推荐。

（2）发布预告笔记

主播在直播前专门发布一篇笔记，告诉粉丝自己将在什么时间进行什么主题的直播，如何进入直播间观看，直播间会销售哪些产品，并且有什么福利，通过这种非常明确的预告笔记进行预热。

（3）"瞬间"打卡预告

主播通过小红书"瞬间"的打卡功能，可以设置一个直播预告的"瞬间"，把每次的直播预告打卡到上面，粉丝从账号主页或"瞬间"看到直播预告后点击进去就可以直接预约直播，如图5-9所示。

图5-9　直播预告设置

（4）笔记关联直播预告

主播新建直播预告后，在发布笔记时选择"高级选项"，关联直播预告，如图5-10所示。该场直播的预告会出现在笔记左下方，用户看到这篇笔记时，如果对直播主题感兴趣就可以一键预约。

除了以上四种途径设置或宣传直播预告，还有一种途径可以设置直播预告。操作路径如下：打开小红书App—"创作中心"—"创作服务"—"直播中心"—"直播预告"—"新增预告"。

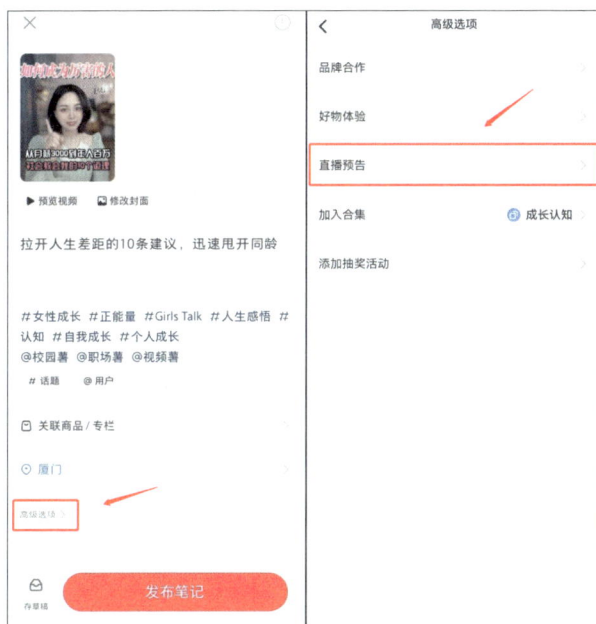

图 5-10 笔记关联直播预告

直播预告发布后，内容不支持修改。所以，主播需要确认信息无误后再发布预告。预约直播的用户将在开播前 5 分钟收到开播提醒。这里有一点需要注意：如果多次未在预告时间准时开播，主播将被禁用预告功能。所以，一旦建好了直播预告，主播就要准时开播，避免被降权。

5.3.3　直播的 3W1H 成交公式

管理学上有 5W1H 方法，直播上也同样有 3W1H 成交公式。3W 即 3 个 Why，分别是为什么要买？为什么要找你买？为什么要现在买？H 即 How，也就是怎么买？主播在直播中只要解决了用户的 3W1H，成交也就实现了。那么，具体怎样运用 3W1H 成交公式呢？

（1）为什么要买

用户来到直播间，主播想让用户下单，首先就应解决他为什么要买的动机问题。这时，主播有三种方法可以运用。

① 痛点＋事实

通过描述一些真实的场景和事实，起到扎心、戳痛点的作用，从而激发用户的兴趣。例如，"姐妹们，你们有没有过这样的经历……"

② 美好的场景

戳完痛点之后，就要给用户构建美好的场景。例如，"每次看到我闺蜜用完后……超自信的感觉，简直了！"通过别人或自己的体验来显示效果，传递深入人心的卖点信息。

③ 忽视的后果

继续放大痛点，为接下来提供解决方案做好铺垫。例如，"大家现在可能觉得没必要，但是你现在不用，以后可能会……"通过一堆问题引起用户的重视，或者激发他的潜在需求，让他意识到自己实际上也需要这个产品或存在上述问题。

（2）为什么要找你买

当用户的需求被激发后，主播就要接着解决购买的问题。产品的销售渠道非常多，直播间那么多，为什么用户要找你买呢？你有什么优势？你让用户信任的资本是什么？

对于这个问题，主播可以从以下四个方面回答。

① 经验

主播需要在开播前做好充分的准备，熟悉产品的优缺点、适合人群，然后从自身经验出发，告诉直播间的用户，其实自己在帮他"排雷"，进而建立信任。

② 专业

主播要在直播中反复阐明自己在该领域或行业的背书，懂得产品的专业名称、成分，并现场解读，展示自己的专业水准，从而赢得用户的信任。

③ 品牌

介绍产品与竞品之间的品牌差异，阐述品牌的价值及品牌的优势。在同样的价格下，用户都会选择有知名度、口碑好的产品。

④ 服务

相比其他渠道，你还能提供哪些服务？增值服务越多，用户购买的机会就越大。

（3）为什么要现在买

这个环节主要是给用户一定要现在就在直播间下单的理由，如价格优势、限时限量福利、抽奖促单等。

价格优势，就是帮用户算账，计算单价。例如，"原价 999 元，今天在直播间下单只要 365 元，相当于 1 天 1 元，非常划算！"

限时福利，设置直播间专属活动，给用户现在买的理由。

例如，直播间限时立减 500 元，出了直播间恢复原价；×× 品牌专属直播大促，抄底价，错过再等一年。

抽奖促单，当用户被你的价格和限时福利说服后，再来一波抽奖压轴，临门一脚，用户大概率就能当场下单。

（4）怎么买

这个问题很关键，虽然现在直播电商特别火，但不是所有用户都懂得如何在直播间下单。碰到一些对线上购物操作不熟悉的用户，他想买，但是不知道怎样操作，怎么办？

主播在直播时要时刻记得上链接，告诉用户点哪里能买、如何付款、能不能分期付款、如何分期付款。最好能提前做好流程物料，制作成卡片，便于观众看着操作。必要时，主播也可以拿手机演示怎样操作。

5.3.4 直播后的复盘方法

每一场直播都是一次团队的合作。只有通过不断地直播、复盘，团队才能更清晰地了解直播过程中每个人的工作执行情况，不断地提升直播配合的技巧，完善突发状况的应急措施。

目前，小红书直播后会自动生成回放，主播可以下载下来分析，不需要额外对直播过程进行录制。直播后的复盘通常分为两个模块，一个是团队配合复盘，另一个是直播数据复盘。

（1）团队配合复盘

一场大的直播需要有四个角色配合，分别是场控、主播、副播、直播间助理。

① 场控

场控是整场直播的指挥官，也是复盘的组织者。场控需要随时观察直播过程中的任何事情，包括但不限于目标达成情况、在线人数、在线人数流失情况、上福利、留人动作、提醒主播互动、配合现场氛围烘托、应急处置等。

场控在控场时就要随时记录观察到的问题。场控人员比较容易出现的问题有开小差、上链接不及时、当主播忘记互动时没有及时提醒等。

② 主播

主播是直播间的主角，承担整个直播、介绍、转化的任务，需要具备很高的综合能力。

直播过程中，主播常见的问题是容易受情绪困扰、当在线人数激增时无法承接流量、直播节奏与计划有偏差、被"黑粉"冲击时的临场反应差、产品介绍卖点错误或混乱、干货讲太多忘记引导购买等。

③ 副播

副播是直播间的"润滑剂"，主要承担制造话题、烘托气氛、介绍福利、必要时帮助主播解答粉丝提问的职责。

副播在直播中一定不要喧宾夺主，不能抢主播的话。同时，副播要避免出现激情不足、和主播配合不佳、产品细节展示不清晰、对产品不熟悉、答非所问等问题。

④ 直播间助理

直播间助理一般负责后台的一些操作，如产品上下架、价格及库存的修改、优惠券的发放、意向用户的登记、直播间留言的回复及互动等工作。

助理在直播中经常出现的问题是产品上下架操作失误、库存数量修改错误、价格调整失误、直播间气氛配合不够、评论区互动不及时、引导没有针对性等。

直播复盘就是针对直播过程中出现的问题进行反思和总结优化。这四个角色都是直播间非常关键的岗位，每场直播结束后团队要立即复盘，总结经验和教训，讨论下一次的改善建议并落实执行。

（2）直播数据复盘

直播数据能够客观反映直播的效果，每次复盘必须涉及以下四个数据。

① GMV+ 来源

GMV 就是整场直播带货的成交总额，这是衡量直播收益最直观的数据。但是，除了要复盘记录每场直播的 GMV，团队还要深入地了解这些在直播间成交的用户来自哪个宣传口。了解成交用户的来源，主播才能够更好地了解整场直播真实的公域流量成交情况和私域流量成交情况，有助于接下来直播策略的调整。

② 预约人数 + 场观 + 平均在线人数

这三个数据直接决定了直播间的人气。如果场观太低，那么直播间的在线人数肯定不会多。如果直播间没有人气，那就别谈变现了。小红书的粉丝黏性比较高，直播间保持 20 人以上在线基本就可以变现。当然，前提是你的产品要有竞争力。

但是，如果预约人数少、场观比较低，团队就要思考前期的宣传、直播过程中的转发分享与拉流量是否落实到位。

如果一开始在线人数多，之后快速下降，那么肯定是直播间留人出了问题，主播就要思考优化直播间留人的话术、福利及钩子设置等。

③ 带货转化率

$$带货转化率 = 下单人数 / 总场观人数$$

这个数据衡量的是主播的带货能力，行业的平均水平在 1% 左右，好的主播能做到 3%。以此为标准评估主播整场直播的表现是比较客观的，但是我建议每个团队可以根据自己的实际情况制定目标带货转化率，以便更好地评估主播的带货能力。

④ 引流人数

直播间除了直接成交，还有间接成交。直接成交就是直播间的 GMV，间接成交就是将有意向的用户通过低价商品或其他方法引流到私域，再由销售人员进行跟单成交。

引流人数也是非常重要的复盘数据，有时直播间的 GMV 不高，但是引流人数非常多，其实整场直播也算成功。所以，评估一场直播的效果不能只看 GMV，还要看整体的直接成交和间接潜在价值。

当然，除了上述四个关键数据，主播在自己的小红书直播管理后台，还可以分析商品浏览人数、加车人数、下单未付款人数、拍下未付款商品占比等数据，如图 5-11 所示。

图 5-11　小红书账号"厦九九"的直播管理后台

无论你是个人博主还是完善的直播团队，每场直播结束后都要做好复盘，最好可以建立一个 SOP，把每次直播复盘的结果优化进 SOP，久而久之就会生成一套自己独有的非常完善的直播 SOP。